デジタル時代の

シン・アナログ経営

社員100人からの人的資本経営

船井総合研究所

技術評論社

デジタル時代の
シン・アナログ経営

社員100人からの人的資本経営

はじめに

本書を手に取っていただいたみなさんに質問です。御社の社員は、次のことがすべてできているでしょうか？

「朝一番、おはようございますと笑顔で挨拶をする」
「約束した時間を守る」
「自分で出したゴミは捨てて帰る」
「悪いと思ったら素直に謝る」
「リモート会議や朝礼は全員カメラＯＮで顔を出して参加する」
「相手を不快にさせる言葉遣いや服装の社員はいない」
「君づけや呼び捨てで名前を呼ばない」

「そんなあたりまえなこと」と思った方に質問です。
「うちの会社では全員できている！」と自信を持って言える方は、どれくらいいらっしゃるでしょう。

社員が1人残らずできている、と言い切れる会社は、少ないのではないでしょうか。いくら口を酸っぱくして言い続けても、その徹底はかんたんなことではありません。もし社員がお客さまや求職者の学生さんなど、さまざまなステークホルダーと接するとき、この中のどれかに当てはまるふるまいをしてしまった瞬間に、「ダメな会社」という烙印を押されることになります。

私たちは、船井総合研究所という中堅・中小企業向けの総合経営コンサルティング会社です。これまで50年以上・約4万社を超える会社とおつきあいをしています。船井総研グループはコンサルティング以外にもさまざまな事業をおこなっており、それらの会社を束ねる船井総研ホールディングスは東証プライム市場に上場しています。

コンサルティング会社として多くの会社を見ていて、先ほどの質問に「うちはできている！」と自信を持って答えられる中堅・中小企業の経営者が、ここ数年、急速に減少しているのを感じています。なぜか？　それは、現場では人に関する3重苦が襲っているからのようです。

①採用苦
②育成苦
③定着苦

「採用に関する投資額をアップした」「初任給も上げた」「休日も増やした」それでも新卒採用も中途採用も、かつてよりもはるかに多くの人的、金銭的コストをかけなければ人数確保ができないという採用苦。

リモートワークの普及などで、社員と管理職が共にする時間が限られる結果、コミュニケーション量も不足していることからの育成苦。

「さまざまな制度を見直し、給与を上げ、働きやすい環境も整えた」はずなのに、それでも社員は退職していく定着苦。

コロナ禍で、3重苦はさらに加速している印象です。

じつは、我々もコロナで一気にリモートワークに振り切り、かなりの仕事をデジタル化していきました。それによる良い面もたくさんあったのですが、社員1人1人への個別対応が不足するようになってしまい、退職率は前年の2倍近くまで急増、会社としての成長にもブレーキがかかってしまったのです。

そのような状況に危機感を抱いた我々は、次の3つの手を打ちました。

●その①：共通の目的を持つ

私たちはなぜこの会社で働くのか？　何を大切にし、どこを目指すのか？
ファウンダーズスピリット（創業者精神）から始める「理念体系づくり」とその浸透に力を入れました。

●その②：アナログで効果を追い、デジタルで効率を求める、それをパラレルで走らせ、それぞれの長所を最大限活かす「シン・アナログ経営」を実践する

ここ数年で、多くの会社がデジタルによって業務効率化が一気に加速し、ペーパーレスや働き方の多様化、情報共有化などさまざまな面で大きなメリットを享受したと思います。

一方で、どんな時代でも会社はそこで働く人たちと「企業カルチャー」という極めてアナログ的な要素で決まることは不変です。

アナログとデジタル両面の長所をハイブリッドに組み合わせた経営を「シン・アナログ経営」と表現しています。

●その③：人的資本経営に取り組む前に、人と組織の「ＯＳ」を改善する

パソコンやスマートフォンは基盤部分が「ＯＳ」で、その上に「アプリ」を乗せるイメージで機能します。本書では社会人として、組織人として身につけるべき「基本のき」を「ＯＳ」、必要に応じて身につけるべきスキルを「アプリ」と表現しています。

重要なのは基盤である「ＯＳ」です。「相手を不安・不快にさせる人」や「やる気のない人」にどれだけ高価なスキル研修を何時間おこなったとしても、成果はあまり期待できないものです。

この３つを実践した結果、２０２３年船井総研グループの業績はそれまでの2桁成長を

取り戻し、過去最高益を達成。退職率も大幅に減少しました。定期的におこなっている社員エンゲージメントに関する調査でも、「会社の理念・ビジョンへの共感」と「会社・仕事への誇り」のスコアが上昇したのです。

また、これらのアクションを通じて「持続的に成長する会社になるために必要な視点」が2つあることがわかりました。

●1つめの視点「戦略、優秀な人財は、良いDNA・カルチャーがあってはじめて活きる」

どんなに良い戦略（ストラテジー）があり、どんなに高いスキルの人財（ヒューマンキャピタル）を採用できたとしても、それらを活かす基盤となる「社員1人1人の高いOS」と「DNA・カルチャー」がない限り、持続的な成長はできないということです。

ストラテジー、ヒューマンキャピタル、そしてDNA・カルチャー……これらはすべて掛け算なのです。

●2つ目の視点「デジタル時代にはますますOSが問われる」

今、「人的資本経営」が注目されています。中小企業庁によると、人的資本経営とは、「人

「OS」「カルチャー」がなければ持続的な成長はできない

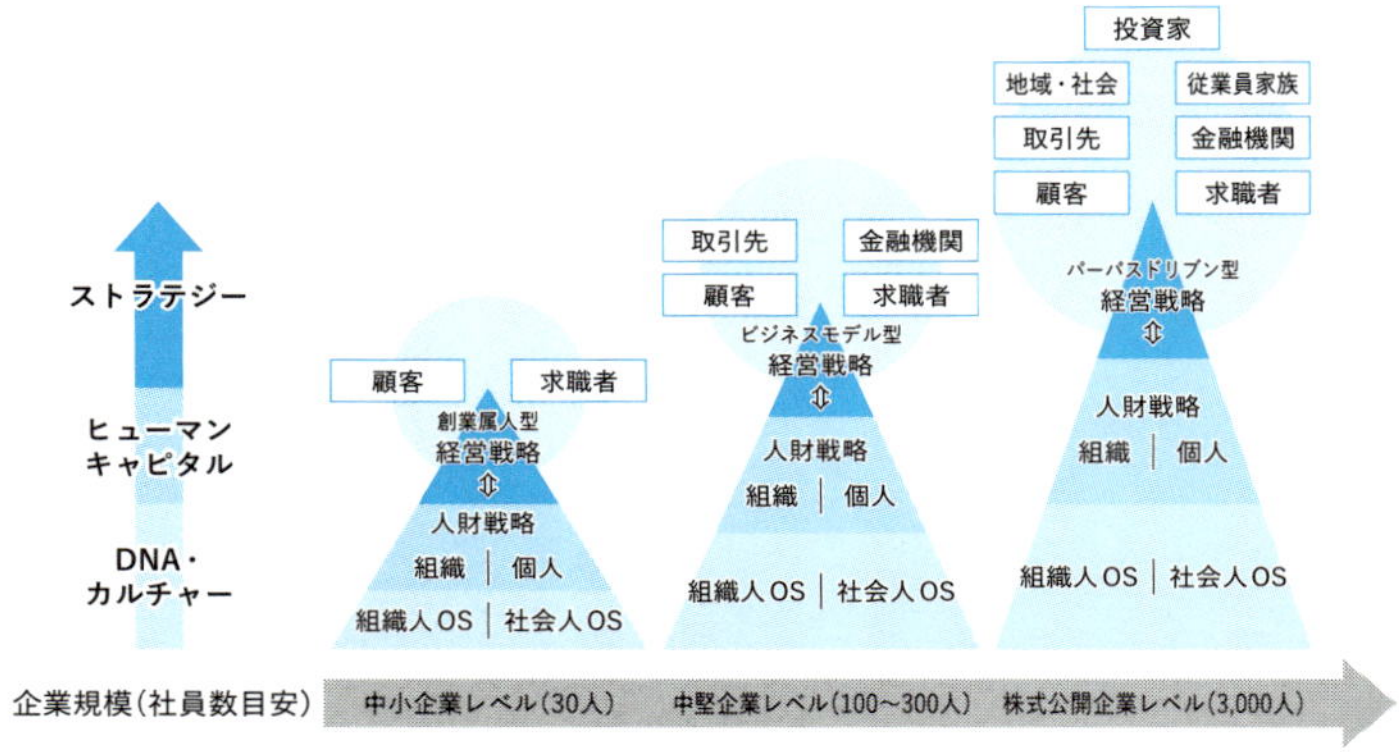

材を〝資本〟として捉え、その価値を最大限に引き出すことで、中長期的な企業価値向上につなげる経営のあり方」とあります。つまりは、人を「資源」ではなく、「資本」と考えていこうと大きくシフトしています。

それに伴い、「人にかける費用はコスト」という考えから、「人にかける費用や時間は生産性や企業価値を向上させるための投資」に変わったのが、大きな注目点です。

人的資本経営では、「リスキリング」や「タレントマネジメント」などに注目が集まっています。しかし、それらはどんなスキルを乗せていくかという「アプリ」の面であり、基盤となる「OS」がしっかりしているからこそ実現できることです。

社員数が１００人を超えるような会社は、経営者の目が行き届かなくなる部分が増えていきますから、組織としての形、仕組みを整えていくことが必要になります。その規模の会社の人的資本経営への取り組みは、デジタル時代に弱ってしまった基盤である「ＯＳ」を強くすることから始めていただきたい。私たちはそう考えています。

社会人として、組織人として、基盤＝ＯＳがしっかりしていなければ、いくらスキルアップ研修や教育プログラムなどに投資をしても、瞬間的な成果は出せるかもしれませんが、持続的な成長にはつながらないものです。

しかも、この2点は、いかに最先端のデジタルツールだけを導入しても、解決できるものではありません。

デジタル時代こそ、デジタルだからできることを取り入れ、その長所を最大限生かし、一方でアナログでしかできないことを明らかにし、両者を組み合わせ正しいステップで経営していく――それが、私たちのお伝えしたいことです。

私たちは新しい経営体制の下、まずは社員1人1人のＯＳを強化し、企業カルチャーの改革から人的資本経営に着手していくというステップで進めていきました。おかげさまで、びっくりするほど短期間に社員のエンゲージメントが向上し、生産性アップだけでなく離職率減が実現し、業績面にもいい影響が出てきました。

本書では、私たちがデジタルを駆使すると同時におこなっているアナログなアプローチと、人的資本経営に東証プライム上場企業として取り組んできた経験、一方で中堅・中小企業向け経営コンサルティング会社として日々会社のステージごとに「今おこなうべきこと」について経営者のみなさまにお伝えしている内容を整理、体系化してお伝えしていきます。

多くの中堅・中小企業の経営者や管理職のみなさまのお役に立てば幸いです。

デジタル時代のシン・アナログ経営　目次

第1章

完全リモートワークでわかった「オンラインの弊害」

～コロナ禍で失った「カルチャー」

第2章

OS改善には「カルチャー改革」が不可欠

第3章 カルチャーの定着は"直接の働きかけ"から

第4章

ベタなアナログ施策が人の「気持ち」をつなぐ

第5章

社員100人からの人的資本経営

～中小企業→中堅企業→株式公開企業レベルで何をすべきか

第6章 「会社のリアル」を計測し、数字で把握する

第7章

究極のアナログ戦略であり投資「オフィス」の拡大移転

第1章

完全リモートワークでわかった「オンラインの弊害」

～コロナ禍で失った「カルチャー」

挨拶がなくなった。執務デスクが汚くなった

世界規模で広がった新型コロナウイルスの影響で、日本では2020年4月に緊急事態宣言が発令されました。船井総合研究所が原則、社員を出社させないフルリモートに移行したのは、この直後のことです。

船井総合研究所は早くからデジタルツールを積極的に取り入れていました。コロナ禍で大きくその知名度を上げたオンライン会議ツールの「Zoom」も、コンサルタントは出張が多いこともあり、2018年からすでに使いこなしていました。

そんな背景もあって、フルリモートへはすんなりと移行することができました。業界内でも1、2を争う早さだったと思います。そして、コロナ禍という未曾有の出来事への衝撃は最小限に食い止められたという認識を持っていました。

しかし、約1年のフルリモート期間を経て、次第に社員が会社に出社するようになって

くると、予想していなかった事態が待ち構えていました。

出社する社員が増えていく中、最初に異変に気づいたのは、経営陣でした。

「何か違和感がある。どうもおかしい」

その違和感は、少しずつはっきりとした形を示し始めました。たとえば、明らかに挨拶が減っていたのです。

たしかに、リモート期間中に入社した新卒社員や中途社員もいました。必ずしも、全員がコロナ前からの顔見知りというわけではない。顔と名前が一致しない。それもあったのでしょう。オフィスですれ違っても挨拶をしない。挨拶が目に見えて、少なくなっていたのです。

さらに驚くべきことも起きていました。経営陣とエレベーターで乗り合わせても、だれなのか、気づいていないことがあった。マスクの影響もあったのでしょう。ちゃんと顔を見ている習慣が消えていた。あげく、経営陣が「何階に行かれますか?」などと、エレベーターの中で社員に問いかけるような光景がありました。

次第にお客さまが来社されるようになっても、社員の挨拶は増えていきませんでした。社員なのか、お客さまなのか、判別がつかないから、ということもあったのかもしれませんが、コロナ前はそんなことはまずありませんでした。船井総合研究所は、挨拶をとても大事にしてきた会社だったからです。創業者の船井幸雄は、「先手の挨拶をしなさい」と語っていました。人と人との関係は、挨拶から始まります。それが信頼を生むのです。だから、こちらから挨拶をする。

ところが、我々が大事にしてきた挨拶が、目に見えて減ってしまっていたのです。執務をおこなうスペースでも異変が起きていました。席の決まっていないフリーアドレスのデスクなのに、きれいに使われないことが増えたのです。

ソファ席で、靴を脱いで妙な座り方で仕事をしている社員もいました。お客さまが社内を見学されることもあるのです。もし、その姿を見られたら、どう思われるか。まるで家でリモートワークをしているような感覚で仕事をするようになった社員が出始めていたのです。

会社の席は自分のものではない。だから汚れていてもかまわない、という発想になってしまったのでしょう。「だれかが後にそこに座るかもしれない」という想像力が働かなくなってしまっているようでした。

出社が毎日でなくなると、自分の場所という感覚や愛着が薄れるのだと思います。そして、無関心度が高まる。挨拶もそうですし、汚くても気にならなくなる。

経営陣の1人は、「昔からある老舗企業の経営者が掃除の文化を大事にされていたのは、こうなることを防ぐ目的もあったのか」と実感したと語っていました。

「みなさん、パソコンばかり見ているんですね」

「現場主義」という言葉があります。船井総合研究所も、現場主義をとても大事にしています。我々の事業の1つであるコンサルティングにおいては、現場主義は極めて重要です。

では、経営者にとっての現場とは何か。それは、会社そのものです。ところが、コロナ禍のもとでリモートになり、経営者が現場を見られなくなってしまったのです。しかも、それが1年以上も続いてしまった。

ここから、明らかに緩みが始まったのだと思います。たくさんのものを置き忘れてきてしまったことに、次第に気づいていくのです。

挨拶が減ったことによって、まちがいなく社内のコミュニケーションも減っていました。よく言われることですが、斬新なアイデアやイノベーションは、ウンウンと1人でうなって考えて出てくるものではありません。雑談でも、ワイガヤでも、さまざまなコミュニケーションが新しいものを生み出していくことが多い。実際、もともと我々の大きな特色として、活発な横断的コミュニケーションがありました。それが明らかに減少してしまっていたのです。

それこそ、そうしたコミュニケーションや、賑やかな会話を積極的に社内で社員におこなってもらおうと、オフィスの人口密度をあえて高くしてきたところがありました。世の中の流れとしては、ゆったりとしたカフェのようなオフィスを作る会社もありますが、私たちは逆でした。創業者はそれを「圧縮法」と呼んでいました。商品でも、少ない在庫をゆったり広げて置くよりも、半分の面積に圧縮して詰め込めば、売上は2倍になる。実際にこれは、さまざまな場面で実証されています。

オフィスも同様で、人口密度を高くするのです。コンサルティングでも、両隣の仲間と一緒に仕事をすることによって、効率が上がるという効果があります。それは、コミュニケーションによって、新しいアクションが1つ増えるからです。

ところが、リモートワークがもたらしたのは、「1人で完結する世界」でした。多くの社員が、目の前のパソコンにばかり向き合っている。

出社してもオンライン会議があたりまえになり、クライアントとのコミュニケーションもオンラインが使われることが増えました。

ただ、冷静に見ると、それは異様な光景だったようです。それを教えてくれたのは、新卒採用の取り組みの一環で会社見学に訪れた学生たちでした。

「みなさん、パソコンばかり見ているんですね」

この言葉には、社内を案内した人事の社員はハッとさせられたそうです。かつてはもっとガヤガヤと賑やかだったオフィスが、そういえば、とても静かになったことに気がつい

完全リモートワークへの移行で起きた変化

コミュニケーションをとりながら
仕事を進める
コロナでリモートワークが進んだ結果……
コミュニケーションが断絶

たのです。

ヘッドフォンをしてパソコンでオンラインに向き合っていると、当然ですが、視野は狭くなります。まわりは見えなくなっていく。これも、周囲への興味関心を減らしていくことに気づきました。仲間の様子だったり、環境だったりに、意識が向かなくなっていくのです。

しかも、周囲の同僚たちから見れば、パソコンに向かっている社員には話しかけづらい。オンラインのミーティングをしているかもしれない、顧問先とつながっているかもしれない。区切りのいいところまで、話しかけられない。

会社が大切にしてきた企業カルチャーが、明らかに変わりかけていました。リモート明けの会社を見て、経営陣は大きな危機感を抱いていったのです。

オンラインで「本音がむき出し」に

挨拶しかり、執務デスクの片づけしかり、「上司なり、先輩なりが注意をすればいいではないか」と思われるかもしれません。実際、かつては創業者をはじめ先輩や上司から、基本的なことについては、厳しい指摘や指導が飛んできました。

しかし、これもまたリモートの影響、かつ時代も変わってきていたことも大きいと思います。リアルに面と向かっていないので、注意がしにくい。言うと嫌がられる、パワーハラスメントと言われるかもしれないと考えてしまう。とりわけ中間管理職に、注意ができない社員が増えました。

かつては少し上の先輩たちが叱ってくれることもありましたが、今では「そういう時代ではない」という空気もあります。コロナ前から、あまり先輩や上司が厳しく言わない空気感が広がるようになっていたところに、リモートワークが拍車をかけることになったのです。

おまけにリアルでの出社が始まっても、席はフリーアドレスです。チームでコミュケーションがしやすいようにと、ある程度はチームの仲間で集まりますが、席が固定されているわけではありません。ほかのチームのメンバーがすぐ隣に来ることもあります。だれがその席について責任を持つのか、明確に定められているわけでもないため、たとえば、片づけの問題にしても、「だれが責任者なのか」「だれが叱るのか」ということにもなってしまうのです。

やがて、決めごとが果たされない事態が増えていくことに気づくようになります。たとえば、全体会議はオンライン参加も可能ですが、画面に顔を出すように伝えても、顔が出てこないのです。「背景に部屋が映るのは、プライベートの侵害だ」という声までありました。

顔が出てきていたとしても、口から下が映っていなかったり、妙な映り方になっていたりするのです。

わかっていったのは、オンラインではリアル以上に本人の知らないところで本音がむき出しになってしまうということでした。まわりに人がいないので、油断して本心が出てし

オンライン会議の出席の形で"本性"がわかる

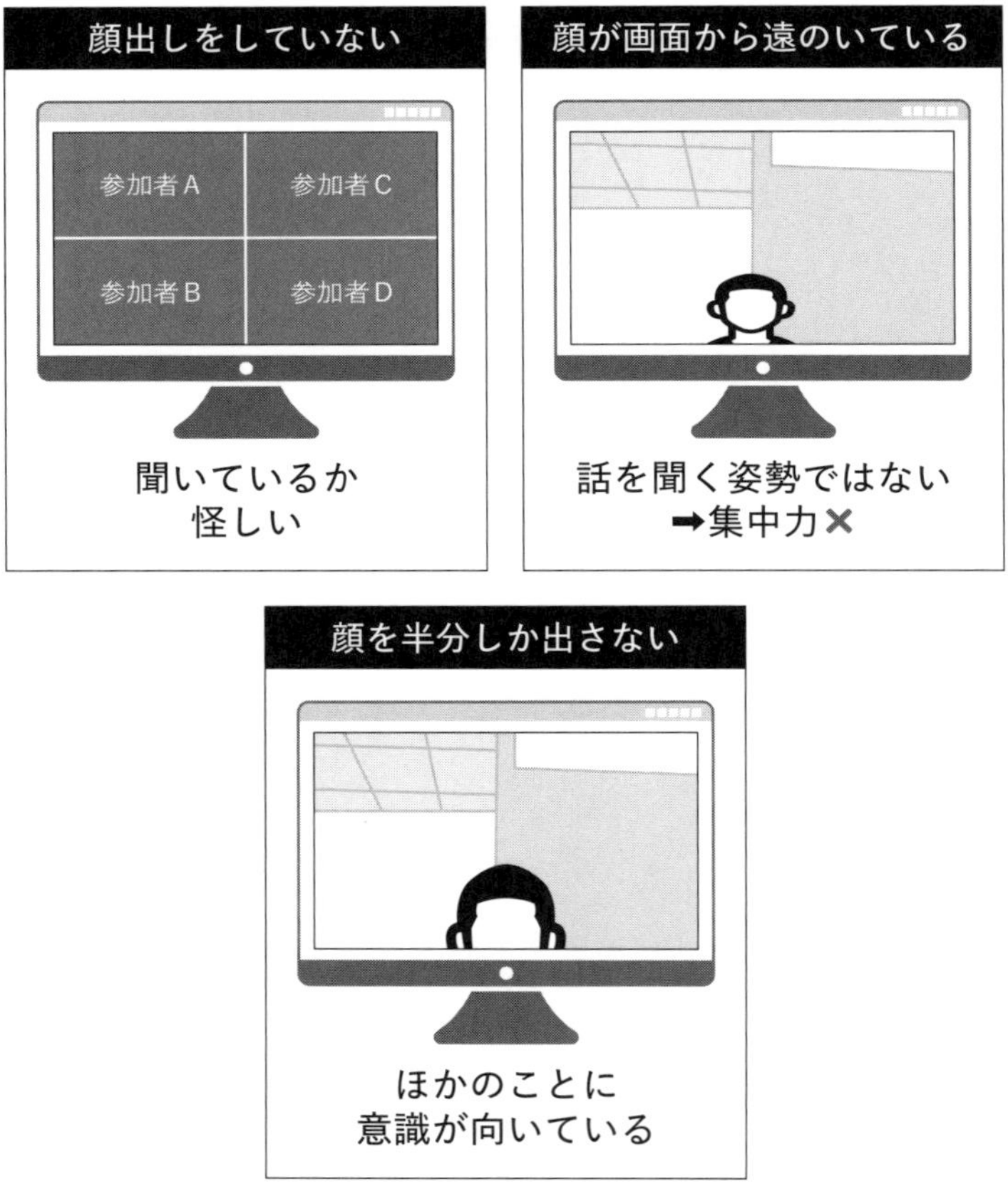
顔出しをしていない
参加者A
参加者C
参加者B
参加者D
聞いているか
怪しい
顔が画面から遠のいている
話を聞く姿勢ではない
➡集中力✕
顔を半分しか出さない
ほかのことに
意識が向いている

まうのです。

我々は業務でGmailを使っていますが、Googleのアカウントに顔写真を入れるよう、社員にお願いしています。顔と名前を一致させよう、リアルで会ったときにもお互いが気づけるようになっておこうというのが目的ですが、これもなかなかされませんでした。

決めごとが守られない会社になりつつあることもまた、大きな危機感になりました。恐ろしいのは、こうしたことが伝播していくことです。とりわけ、年次が上の社員たちに悪い癖が始まると、どんどん下の世代に受け継がれてしまいます。3年、4年で多数派が変わり、文化そのものがすっかり変わってしまう危険があるのです。

挨拶にしても、周囲への無関心にしても、まさにカルチャーが変わってしまう兆しがありました。そして、お互いの信頼が失われると、仕事に大きな影響を及ぼすことになります。名著『7つの習慣』でも言われているとおり、「信頼感こそがスピードを生み、生産性を生む」からです。悪いカルチャーほど、恐ろしいものはないのです。

オールデジタルで生産性は本当に上がったのか？

もちろん、リモートワークに利点があったことも、たしかだと思います。たとえば、オンライン環境があたりまえになって、出張が減りました。長時間かけての移動が減り、ワークライフバランスは良くなりました。

当社の事業では、クライアントの多くが地方都市にあります。朝一番の飛行機や新幹線で向かい、じっくり現場を見せてもらい、経営者とコミュニケーションを交わして、最終の飛行機や新幹線で帰ってくるケースがかつては少なくありませんでした。

移動時間は、かなりの長さになります。また、多くのケースでチームのリーダーが同行していました。この出張同行がオンラインによってなくなったことで、とりわけリーダーにとっては時間的に大きなゆとりが生まれたようです。

しかし、じつはこの移動時間がリーダーによる部下への大事な教育の場になっていたことに気づくのは、しばらく時間が経ってからでした。

リーダーとメイン担当の若手コンサルタントが2名、3名で行くことが多かったのですが、長時間の移動時間をすぐ隣で共に過ごします。行きと帰りの時間で、リーダーが若手に仕事をするうえで必要な心構えやするべき準備などを伝えたり、また若手から仕事やプライベートも含む質問を受け、それにアドバイスをしたりする。

削減の対象と思われていたこの長い移動時間が、じつは重要な教育や必要なやりとりの時間になっていたのです。そしてまた、「街で見かけても船井総合研究所っぽい人はわかる」というくらい、短期間で社員にDNAが注入されていったのは、こうした機会があってこそ、だったと思うのです。

人のOSの強化、良いカルチャーの伝播は、このようなリアルの場でおこなわれていたのでした。

また、こんな声も経営陣から上がりました。リアルになって出社が増えて、ちょっと席を外してトイレに行こうとオフィスを歩いていると、次々に声がかかるのだ、と。

「ちょうど、社長にちょっと相談しようと思っていたんです」

移動がなくなったことで時間的には大きなゆとりが生まれたが……

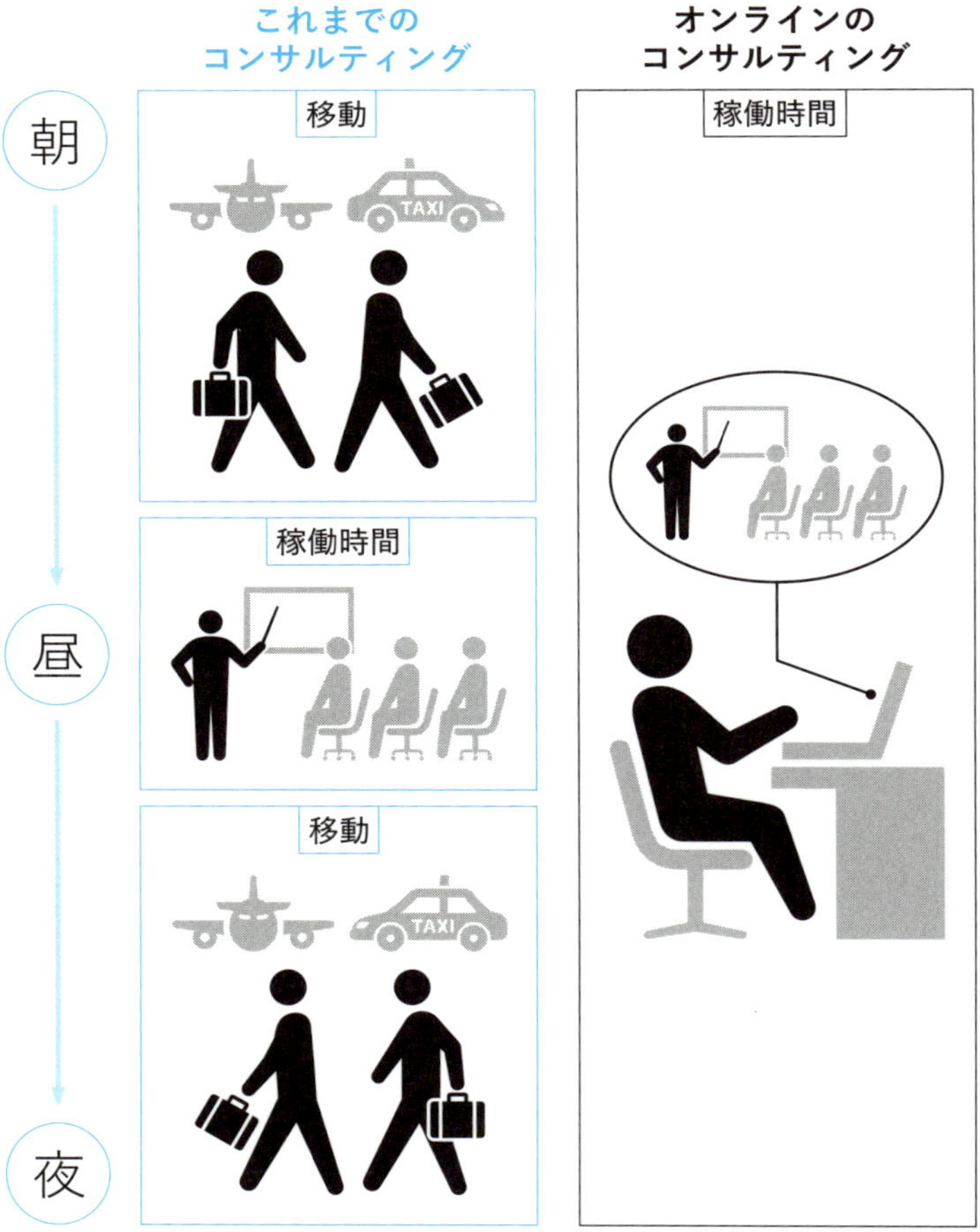

オンラインのほうが生産性は圧倒的に高いが……

本当に相談しようと思っていたのかどうかはわかりませんが、顔を見て思わず声をかけたくなった。あの案件について聞いてみよう、相談しようと思った。実際、こうしたちょっとした会話からは、思わぬヒントが手に入るものです。それがわかっているからこそ、見かけて思わず、次々に声をかける。それがリアルになって増えたのは当然でした。

リモートやオンラインでは、こうはいきません。経営陣とコミュニケーションを取ろうとするならば、わざわざオンラインミーティングのアポイントを取る必要があります。「そこまでする話ではないので」と話をしなかった結果、ちょっとしたアドバイスもヒントも得られず、生産性を落としていた可能性もありました。

アメリカでも、テスラのイーロン・マスクがいち早く出社を唱えたり、マイクロソフトやアマゾンなどＩＴ企業までもが、リモートから出社に切り替えたりする動きを意外に早いタイミングで見せたのには、そのようなマイナスを感じたからではないかと考えます。

オンラインで生産性は本当に上がったのか。むしろ、下がっていた部分もあったのではないか。またそれ以上に失ったものもあったのではないか。それは冷静に見極める必要があるのだと思います。

クライアントに提供できる価値が下がった！

実際にクライアントのところに行く、経営者に会うという機会が減り、オンライン会議に置き換わってしまったことは、我々の主力事業であるコンサルティングにもまちがいなく影響を与えていました。

もちろん、当初は感染拡大の懸念もあって、都市部から地方都市への出張はできる限りしないことを原則としていました。しかし、感染拡大が収まってからも、その多くがオンラインに置き換わっていくことには機会損失がまちがいなくあったと考えています。

出張し、クライアントのコンサルティングに丸1日かけるスタイルは一見、効率が悪そうにも見えます。しかし、じつは小さな一瞬一瞬に、さまざまなヒントが、またビジネスのチャンスが詰まっているのが、我々の仕事なのです。

たとえば、「わざわざ遠くから来てくれるから」と、最寄り駅まで車で迎えにきてくださる経営者もいらっしゃる。そうすると、会社に行くまでにいろいろな話をすることになります。

「最近、こんなことがあったんです」
「どこそこで見かけたお店は興味深かったです」
「じつは、親が最近、介護が必要になりました」

なんでもないような雑談に見えて、必ずしも雑談では終わらないのです。

「息子が会社を継ぐと言ってくれているんですが、まだまだ任せるには頼りなくて」という話が出てきたら、
「今度、後継者候補のための勉強会があるのですが、息子さんも参加してみませんか？」
といった提案にもつなげられます。新しい提案を、クライアントの経営者の関心に合わせておこなうことができるわけです。

また、経営者自身もまだ言語化できていない興味関心もあります。

「最近、こんな新しい業態ができていて、気になっている」

それを受けてコンサルタントが話を広げていくことで、「なるほど。だったら、こういうことができるかもしれない」という会話につながっていく可能性もあります。

オンライン会議は、いわゆるタスク型の取り組みです。こうした雑談もなく、いきなり本番に入ります。余談や遊びがないことは、じつは意外に広がりを生まないということが、早い段階でわかっていきました。

そして、広がりがなければ、結果的にコンサルティングの経営者にとっての付加価値が下がっていってしまいかねないと感じました。コンサルタントとの間の、思わぬ話の広がりがすべてカットされてしまうと、ただアジェンダどおりに話が進んでしまうだけになるのです。このこともまた、必ずしも事業にとっての生産性を上げているわけではない、と捉えるようになっていった理由です。

我々が大事にしなければいけないのは、船井総合研究所に何が期待されているか、どのように市場や世間から評価されてきたのか、です。それを忘れて、ただ営業成績だけを求めるようなコンサルティング事業をしてはいけない。また、当社に何が期待されているのかを理解していない人材がリーダーになり、部下にまちがったことを教えるような事態も、避けなければならないことでした。

事業は、生産性や効率だけでかんたんに語れるものではないということです。

はっきりわかった「出社しないと成果が下がる」

2020年、いち早くフルリモートワークに振った船井総合研究所でしたが、じつはフルリモートをやめてリアルに戻るのも、世の中よりも1年は早かったという印象があります。フルリモートにして1年を過ぎたころから、状況がはっきり見えてきたからでした。

これは船井総合研究所の良さでもありますが、組織が細かなロット、アメーバ型になっています。結果的に、調子がいいところと、調子が悪いところの差を把握しやすいのです。

リーマンショックのときもそうでしたが、コロナのときも、厳しいチームが大半ではあるにせよ、調子のいいチームが見えていったのです。

コロナ禍で調子が良かったのは、医療業界のコンサルティング部隊でした。医療業界そのものがコロナではむしろ追い風になったところもありましたが、船井総合研究所内の医療チームには大きな特徴があったのです。それは、フルリモートの途中から、全員が出社して仕事していたことでした。デジタルを使ってリモートで仕事をするよりも、リアルに出社して仕事をしたほうが、明らかに効率も生産性もいいということにリーダーが気づいたのでしょう。ほかの部門のことを気にすることなく、チームのメンバーに少しずつ出社を促したのです。実際に成果が出て、その形を徐々に拡大させていきました。

そして、リモートとリアルで、明らかに成果に違いが出ることがわかっていきました。これが、会社としての判断につながります。実際、リアルに出社してくる部門は成果が上がり、なかなか出てこないところは成果が低かったのです。それでも、まだ感染リスクがありましたから、出社率の目標をまずは30%から始め、次に50%、75%と少しずつ上げ、全社で出社する取り組みを進めていったのでした。

ところが、リモートはやはりラクだったというところもあったのでしょう。「出社率が低い」という動きが報告されるようになりました。そこで、新たにルールを策定することになりましたが、リモートワークに慣れすぎた人材からは反発の声も上がりました。

たしかに、リモートワークは、タイムパフォーマンスという点で利点がまちがいなくあったと思います。通勤時間も必要なく、自宅で自由に時間をコントロールできるからです。しかし、短期的にはそうだったとしても、長期的に見てみたら、どうだったでしょうか。コロナ感染が収束すれば、フルリモートにしなければいけない理由はなくなります。もちろん、リモートは活用すればいいですが、リモートでないほうが生産性が上がる場合は、それを選ぶべきです。

つまり、フルリモートは短期的にはタイムパフォーマンスは良かったのかもしれませんが、長期的に見ると必ずしも良くなかったということです。なぜなら、成果が出せなくなっていくからです。

今なお、お客さまから「社員がリモートからなかなか出社したがらない」という声を耳にします。それはもしかすると、成果の比較ができていないこともあるのかもしれません。成果が出せないことは、会社にとってマイナスなだけではありません。個人にとってもマイナスなのです。成長の機会が減るからです。

苦しむ新人や若手、上がる離職率

リモートワークで最も苦しい思いをしたのは、じつはこのタイミングで入社した新入社員たちだったかもしれません。一度も会社に来たことがない。職場というものを見たこともないし、体感したこともない。そこからいきなり、リモートで仕事が始まったのです。

自宅のワンルームマンションからパソコンをつなぎ、リアルで会ったことのない人たちと、オンライン上ではじめて仕事をする。委ねられた仕事を、なんとかして黙々とこなす毎日。彼ら彼女らの戸惑いはいかほどだったか、と思います。

出社していれば、隣に先輩がいて、面倒を見てくれます。わからないことがあれば、さっと聞けばいい。忙しいかどうかも、先輩にはわかります。あ、暇になったな、と思ったら、別の仕事を回してくれたりする。

お昼休みになれば、一緒に食事をしに行き、仕事に限らず、いろいろな会話を交わしたことでしょう。先輩1人だけではなく、同期の新人も一緒にしたかもしれません。そうすれば、安心して信頼関係を築くことができます。そんなふうにして、職場の人間関係はできていくものです。

ところが、そのような場面はリモートでは作れません。すぐ隣に先輩がいるわけではない。「ちょっとここの部分が」とすぐに見せられるわけでもない。仕事に関係のない話を、会ったこともない先輩から振られることもなかなかなかったはずです。

もちろん、新入社員の面倒を見る上長や先輩にも戸惑いがありました。仕事をしてもらっているとはいっても、リモートでは本当の姿が見えるわけではありません。手元もわからない。仕事をしているのか、サボっているのかもわからない。

朝夕にミーティングをして仕事の状況を把握するにしても、

「もしかして、時間がなくて追い詰められているんじゃないか」

「いや、暇で困っているかもしれない」

ということもわかりません。

後に、用があるたびにオンラインをつなぐ、という形式ではなく、常時オンラインに接続しておく、というスタイルを取るチームも出てきました。それなら、すぐにチャットなどで話しかけることも可能だからです。

また、雑談がなかなかできないというので、雑談をするための時間を設けたりもしました。朝1回、夕方1回、5分でいいので雑談する。当時流行った、オンライン飲み会を開催したチームもありました。

しかし、丁寧に接したつもりでも、オンラインで人間関係を作ることは難しかったのだと思います。

また、対クライアント、対経営者の実地教育がなかなかできなかった。それこそ、名刺交換はもちろん、会社でお客さまに挨拶したり、お出迎えをしたり、お見送りをするという経験すら積めませんでした。何より大事な経験にもかかわらずです。

そして、思わぬ事態が起きました。離職率が急激に上がっていったのです。

当時の従業員数は1400人を超えており、その規模の企業としては適正な離職率でした。ところが、2020年4月にフルリモートにしたタイミングで離職が増え始め、2022年まで右肩上がりで拡大したのです。

これは、我々としても大きなショックでした。コロナ禍は未曾有の事態だったとはいえ、これほどまでに離職率が上がるとは、思っていませんでした。ここから対策を打ち、2023年に以前と同程度に下がることになりますが、やはりリモートワークの影響もあったと考えられます。

もちろん、ネガティブな退職理由だけではなく、自分のキャリアを見つめ直して転職をした社員も少なくありませんでした。

いずれにしても、当社の経営陣にとってショックだったのは、彼ら彼女らにとって「船井総合研究所での先が見えない」と感じたことです。会社がどこに向かっているのか、方向性を揃える機会が、コロナ禍で少なくなり、経営者が発信する機会も減っていました。社員の知りたい「会社の目指すもの」が伝わらず、バラバラになってしまったのです。

内定辞退が続出した新卒採用活動の衝撃

もう1つ、思いもよらない事態が起こったのは、新卒採用でした。デジタル環境はいち早く整っていたことから、新卒採用に関してもすばやくオンラインに切り替え、フルリモートでの対応が可能になりました。

説明会から面接まで、すべてオンラインで実施。2020年の春時点では、まだ対応ができていなかった企業がほとんどでしたから、オンライン説明会にも多くの学生が参加してくれて、オンラインでの面接に進みました。

採用担当者の感触は、とてもいいものでした。「例年以上に、多くの人材を獲得することができた」と喜んでいたのです。しかも、オンラインでおこなうことができたため、時間効率が大きくアップしました。

ただ、これは学生も同様だった、ということに後で気づくことになります。オンラインになり、我々も大勢の学生にアクセスができたわけですが、学生も多くの企業と効率よく接触できるようになっていたのです。結果的に、驚くほどの内定承諾後の辞退者を出してしまうことになります。例年130人から140人ほどを採用しますが、2021年の採用活動では、100人近くの辞退を受けることになりました。

これには採用担当者は大きなショックを受け、一時期は人間不信になってしまったと語っていました。

ただ、理由はすぐに見えていきました。学生は、オンラインで例年以上に多くの会社の面接を受けることができたおかげで我々とも出会うことになり、スピーディにおこなえることもあり、私たちは次々に内定を出していきました。

振り返れば、これほどまでに多くの応募がくることは、例年はなかったのです。ところが、我々は勘違いをして、採用ができたつもりになってしまっていた。これほど早い時期に採用できた例はなかったのに、です。

また、就職活動が本格始動する3月、4月にコロナ危機が叫ばれるようになり、緊急事態宣言まで発令されたことで、就活生も不安になっていました。コロナの前までに就職活動をしていた人材が、根こそぎ就職活動を早めて、オンラインで対応できるところに注力

リアル採用とオンライン採用の違い

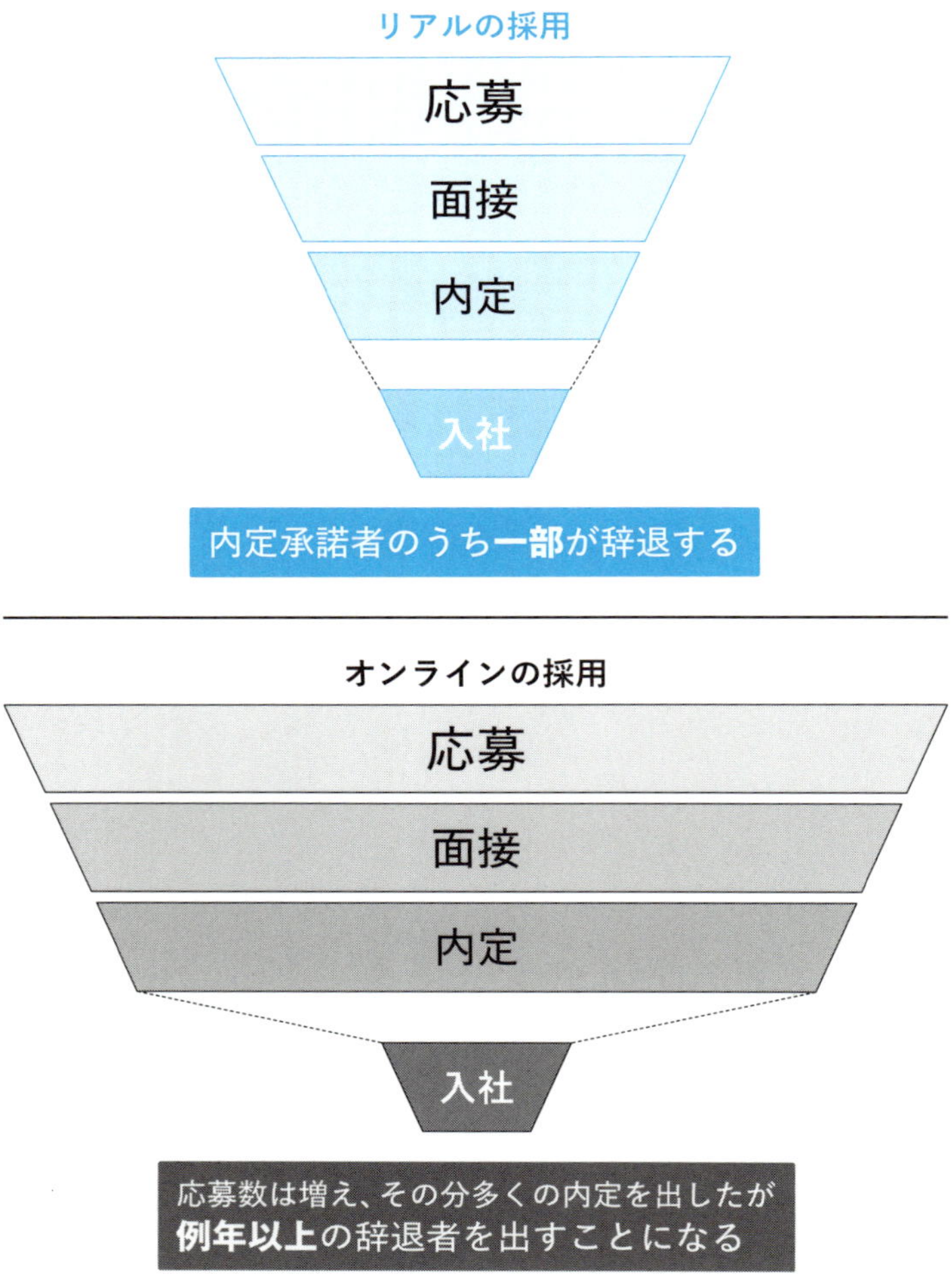
リアルの採用
応募
面接
内定
入社
内定承諾者のうち**一部**が辞退する
オンラインの採用
応募
面接
内定
入社
応募数は増え、その分多くの内定を出したが
例年以上の辞退者を出すことになる

したという背景があったのです。

完全にオンラインに切り替え、面接やイベントもオンラインと、すべてがデジタルになったことで、つながりが希薄になっていたのはまちがいないと思います。人と人とのつながりは、デジタルでは確立できなかった。社長や社員と直接会って話すこともなく、船井総合研究所に対する思い入れもそれほど高まってはいなかったのです。だから、内定もあっさりと辞退してしまうことができた。

採用担当者は次第に、「単にオンラインでコミュニケーションを交わすだけでは、単純なブランド勝負になる」ということに気づいていきました。会社概要だけを比較して選ぶようなものでは、抗いようがない。

また、オンラインは業務連絡には向いていますが、雑談には向いていない。相手の心をつなぎとめるようなきっかけづくりが難しいのです。採用活動も、デジタルが生産性を上げてくれるようなものではまったくなかった。

ここから、さまざまな模索をおこなっていくことになるのです。

第2章

ＯＳ改善には「カルチャー改革」が不可欠

根っこは「創業者精神」

コロナ禍の緊急事態宣言をきっかけに、あらゆる分野でデジタルに振り切ったことで失われかけたものを取り戻すべく、船井総研グループが取り組んだことを大きく2つご紹介いたします。

①ファウンダーズスピリットから始める理念体系づくり
②人的資本経営の前におこなうべき「人のOSのアップデート」

「ファウンダーズスピリットから始める理念体系づくり」から説明します。

船井総合研究所は、これまで約10年ごとに経営者が代わり、そのタイミングで理念体系を見直してきました。そのタイミングが2020年で、ちょうど50周年にあたる年でした。

まさに、緊急事態宣言が出た年です。

新たな経営トップは、創業から50年が経って、創業者の船井幸雄と直接接点のない世代が社員の9割以上になっていたこと、逆にベテラン社員の中には「創業者の考え方が好きで会社に入った」という社員も多いことから、これから10年の理念体系の一番のベースに創業者精神＝Founder's Spirit（ファウンダーズスピリット）を、改めて大切なもの、私たちの原点として設定することにしました。

●【水源】ファウンダーズスピリット

「良い会社を増やし、世のため、人のために尽くそう。」

同時に、改めて創業者と直接仕事をしたベテランメンバー中心に社内プロジェクトを組み、50周年にあたるタイミングで会社のイントラネットの中にこれまでの４００冊以上の書籍はもちろん、創業時の躍動感あふれる貴重な社内会議資料や幹部社員に向けた直筆のメッセージ、実際に創業者と仕事をしたときのエピソードインタビューなどをデジタル上で格納した特設ページを立ち上げたのです。

創業者精神（Founder's Spirit）を根底に、
グループコアバリュー「Funai Way」、
それの上位概念としてグループパーパスを、
社員主導で作り上げた。

変化の激しい時代、そして正解が幾通りもある今の時代には、目指すべきパーパスやビジョンを掲げるだけではなく、私たちの原点となる「船井総研グループとは何者か？」「船井総研グループらしさとは何か？」について考えるうえで重要な、私たちの根底にある「ファウンダーズスピリット」を改めて整理していったのです。

特に意識したのが、創業からのストーリーです。船井総研グループにも、創業時はお金がなく、イスさえ買うことができなかったベンチャー企業時代があり、一起業家が、努力していくつもの困難を経験しながら、経営者として価値観をどんどん変えながら成長してきた、という歴史があること。そして、創業者が掲げていた「私たちは自分が想う何者にもなれる」というメッセージを改めてまとめていきました。

ファウンダーズスピリットから始める理念体系は、ほかの会社でもなかなかお目にかかったことがありません。中堅・中小企業の2代目、3代目の経営者やファミリー企業のみなさまにもおすすめしています。

1300人でおこなった「コアバリュー策定」

理念体系づくりの第2ステップとなるのが、全社員参加型コアバリュー策定プロジェクトです。コアバリューとは、同じ企業で働く全社員にとって中核となる価値観であり、日々それに基づいて判断し、行動することを目的に策定します。私たちは「仕事の流儀」と伝えています。

このプロジェクトがスタートしたのは2020年1月。緊急事態宣言が出される3カ月前です。

毎年、私たちの仕事始めには、東京と大阪のグループ全社員が集まり、各社トップより経営方針が発表される「経営方針発表会」がおこなわれます。そこに、グループ各社から手上げで立候補してくれた若手メンバーが中心となり、10年に一度のこの機会に全員参加でフラットに考えていこうと、グループコアバリュー「Funai Way」策定プロジェクトをスタートしました。

私たちもそうでしたが、トップダウンではなく「これから10年」をキーワードに社員全員が考えることに重きを置き、ボトムアップで案を出してもらうことをおすすめしています。優秀で視野の広い社員ほど「できるだけ会社全体を知りたい」と思い、会社全体に関わることに参加してみたいと思うものです。マネジメントの最終目標は、できるだけ全員参加経営を目指すことであり、それが社員1人1人の能力向上、業績向上にもプラスになるというのが船井流の考え方です。

プロジェクトがスタートする際は、メンバーに対してまず創業者が残した言葉に向き合ってもらい、将来的には今よりも社員数が増え、さまざまな職種に広がり、海外のメンバーも増えていくなど長期スパンで起こるであろうことを説明し、これから3年の中期経営計画、本プロジェクトの意義などをできる限り説明し、重要性をしっかり伝えました。

グループ全社員約1300人（当時）が、組織の枠を超えてチームに分かれ、ディスカッションをおこないました。スムーズにいけば、4月までに各チームから発案されたものを整理し、社員投票という計画でした。

しかし、ここでやってきたのがコロナでした。ただ、もともとZoomの導入が早かったこともあり、オンラインで社員間ディスカッションも活発におこなわれ、８００を超えるコアバリュー候補が導き出され、プロジェクトメンバーによって18チームのアイデアに集約され、全社員投票がおこなわれました。そして、投票結果と絞られた案を経営陣へバトンタッチ。経営陣が討議を重ねて、グループコアバリューの「Funai Way」が完成しました。

船井総合研究所には「同根異才」という言葉があります。さまざまな才能を持つ人たちが、根っこを同じくして、多様な分野で活躍していることを指しています。この「根っこ」がFunai Wayであり、54ページの図で「根」と表現しています。

●【根】Funai Way

Adventureship　変化を原動力に
Empathy　経営者に伴走しよう
Integrity　良心に従おう

理念体系のイラストの「水源」がファウンダーズスピリットであり、「根」がグループコアバリュー「Funai Way」、これは船井総研グループ共通で大切にしていくものとなります。

また、「カルチャー」という言葉が何度も出てきますが、このイラストでは「土」になると伝えています。良い水源としっかりした根があっても、良い土がなければ木は元気になりません。良い土を作るのは、社員1人1人です。「良い土とはこのような状態ですよ」という、目指すべきカルチャーの言語化とズバリアクションをワンセットで実践していっています。

これらは「新たに設定する」というよりも、これまで船井総研グループ内の「口癖」に近いものを整理していっている感覚です。たとえば、次のものが挙げられます。

- 良いと思ったことはすぐおこない、悪いと思ったことはすぐやめる「素直カルチャー」
- 社内・社外、会社・組織、年齢、役職などに関係なく、互いに教え合い、学び合う「勉強好きカルチャー」
- 「大切なことは上からやるカルチャー」

・「一番にこだわるカルチャー」
・「長所伸展カルチャー」

創業者は、経営のあり方と人としてのあり方を、つねに一体化してわかりやすく伝えていました。そのため、「船井流経営法」の多くは、企業の業績向上はもちろん、組織カルチャー、人財育成の両面にも活かすことができるのです。これまで「船井流」がたくさんの中堅・中小企業の経営者から多くの支持をいただいてきたのは、そのような理由からであると自負しています。


ここから、土の上の部分の説明をしていきます。

まず、【木】がグループ各社のミッション・ビジョン、つまり各社が目指す姿・役割となっています。

ベースとなる【水源】【根】はグループ共通で大切にし、主役の【木】の部分に関しては、グループが10年大切にする志【太陽】と3～5年の中期で目指す姿【空】に向かうべく、各社トップに目指す姿・役割を設定してもらいました。

私たちのグループでは、経営者が代わる約10年に一度のタイミングでこれから10年で目指す姿を示し、3~5年スパンの中期ビジョンと中期経営計画でその具体的な取り組みをステークホルダーにお伝えしていますが、この理念体系により、さらにグループが一体化して目指す姿がわかりやすく明確になりました。

ここから、トップを中心に1年半かけて策定した長期（10年~）の志【太陽】パーパスと、中期（3~5年）で目指す姿【空】グループビジョンについて、どんな調査・分析を実施・検討し、最終決定していったのかを振り返ります。

創業者の考えを今の時代に合わせた「パーパス」

今回の新たな経営体制では、これから10年で目指す姿を「パーパス」として設定していますが、その前準備として、経営幹部が中心となって約3カ月かけ、次の5つの項目について調査・分析をおこないました。

①ファウンダーズスピリットの整理
②内部・外部環境分析
③創業来の大きな経営判断と競争の経緯
④10年先の外部環境予測
⑤ベンチマーク企業比較分析

以上を共通認識として持ったうえで、約1年にわたりトップが中心となってパーパス策定に入っていきました。

①整理した歴史・現状・未来予測から、次の10年に向けた〝WHY〟〝WHERE〟〝WHAT〟のエッセンスを固める
②日本だけではなく先行する海外事例を調査し、グループパーパス、グループビジョン

をよりシンプルに洗練させる
③ワーディングなどアウトプットを固める

以上のようなステップを踏み、ようやくグループビジョンとパーパスが完成しました。

●【空】グループビジョン
中堅・中小企業を中心としたデジタル×総合経営コンサルティングファーム

●【太陽】グループパーパス
サステナグロースカンパニーをもっと。
どんな時代にも成長し続ける企業を増やし、あらゆる人が幸せにその可能性を開花させ、社会の生産性をも上げられる
そんな未来を私たちがリードしよう

ようやく完成した理念体系ですが、この中身は、創業者が繰り返し言っていたことにす

べてつながっています。

●ファウンダーズスピリット「良い会社を増やし、世のため、人のために尽くそう。」

人として生まれてきた以上、頭を良くし、意志を強め、力をつけて、世のため人のために尽くそうという創業者の人間観がベースになっています。力をつけるためには「勉強好き」「素直」「プラス発想」になるのが一番近道ということで、これを「成功する人の三条件」と伝えていました。

●グループコアバリュー①Adventureship「変化を原動力に」

「コロナという一見すると最悪の変化も、過去オール善で現状肯定し、逆にデジタルの良さを上手に活用し、プラス発想で原動力にしていこう」というメッセージが含まれています。

●グループコアバリュー②Empathy「経営者に伴走しよう」

「私たちのお客様は命がけで経営されている経営者。常に経営者目線で伴走し、成果を出すことを考えよう」というメッセージが込められています。

●グループコアバリュー③Integrity「良心に従おう」

「儲かるからといって、何をしてもいいわけではない」という意味を込めています。

このように、創業者の想い、そして社員1人1人がこれからも自分たちが大切にすべき中核的価値観を整えていき、中堅・中小企業を中心としたお客様に対する「デジタル×総合経営コンサルティンググループ」というビジョンが一気通貫でつながっていきました。

●パーパス「サステナグロースカンパニーをもっと。」

この言葉も、創業者は「今だけ、金だけ、自分だけという考えはだめ」という表現ですでに伝えていたことが後々わかりました。「今だけ、金だけ、自分だけ」を分解し、より方向をまとめると、次のようになります。

- 今だけ　➡　持続的に、より長期視点で考えよう

・金だけ　⬇　儲けるだけでなく、世の中をより良くする、ＥＳＧ（環境・社会・ガバナンス）の視点を持とう

・自分だけ　⬇　あらゆるステークホルダー視点を持とう

創業者が常々言っていたのは、私たちのパーパスそのものだったのです。

私たちの一番得意な経営コンサルティングテーマは、中堅・中小企業の成長実行支援です。もちろん、今もこのテーマでおつきあいがスタートすることが多いのですが、ここ数年「ミッション、ビジョン、バリューをだれもが理解でき、納得でき、わかりやすいものにアップデートしたい」というご依頼が急増しています。働いている社員やお客さまはもちろん、採用の場面などでの必要性が高まっているためです。あらゆるステークホルダーが理解し、納得し、しかも応援したくなるような理念体系を持たない企業体は、持続的成長ができない時代になってきているようです。

ファウンダーズスピリットから始める理念体系策定と浸透

押さえるべき6つのテーマと20のステップ

ファウンダーズスピリット整理

実行主体
創業者、ベテラン社員

1	創業の歴史
2	人としてのあり方・生き方・働き方
3	経営者マインドオーナーシップ
4	自社のベースとなる経営思想・経営論・経営法

期間
6カ月
～1年間

コアバリュー明確化

実行主体
全社員

5	これから10年に向け大切にする中核的価値観
6	全社員を巻き込んだ策定プロジェクト
7	短期的取り組みでなく継続する仕組み

期間
6カ月
～1年間

市場環境調査

実行主体
経営幹部

8	内部・外部環境分析
9	創業来経営判断・競争の経緯
10	10年先の外部環境予測
11	ベンチマーク比較調査

期間
3カ月

パーパス策定

実行主体
社長、経営幹部

12	歴史・現状・未来予測からエッセンスを固める
13	他社事例調査・アウトプットイメージを洗練させる
14	ワーディングなどアウトプットを固める

期間
6カ月
～1年間

パーパス浸透

実行主体
カルチャー推進室

15	社内展開・定着施策
16	事業戦略への組込、達成指標の設定
17	人事戦略への組込、達成指標の設定

期間
1年間～

数値化・浸透促進

実行主体
カルチャー推進室

18	組織SANBŌやカルチャーパーパスサーベイによる浸透評価
19	達成指標の進捗と達成に向けた改善アクションの実施
20	デジタルツールを活用したパーパス浸透促進

期間
1年間～

人的資本経営の前にやるべきは「OSのアップデート」

創業者の船井幸雄は、人として正しいことをする大切さを、毎月2回の全社会議にて繰り返し説いていました。

「親身に対応しなさい」
「お客さんに会ったらその日に手紙を出しなさい」
「お客さんもメンバーも、名前で呼んで差し上げなさい」
「お客さんが帰るときは、見えなくなるまでお見送りしなさい」
「新幹線に乗ったら、座ったときよりもきれいにしてから降りなさい」
「ホテルに泊まったら、だれも泊まっていなかったかのようにきれいにして出ていきなさい」

土台として固めるべき「働く人のOS」

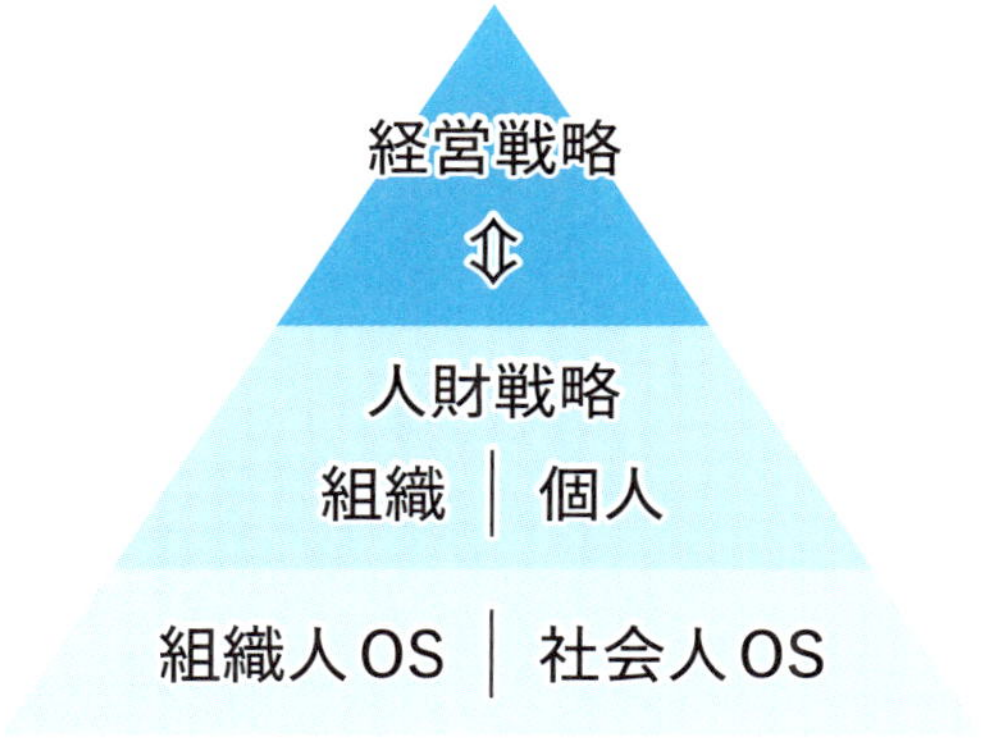

組織人、社会人としてのOSを高めていくことが、
企業カルチャーの構築には欠かせない。

驚かれたかもしれませんが、そんな話をずっとしていました。「人としてどうか」ということこそが中心にあるのです。

そのような細かいことでも、１つずつ守って実行すると、お客さまの反応は違ってきますし、社内で実行する社員の比率が高まってくると明らかに活気のある社風に変わっていくのです。

思い返すと、社員数約３００人の中堅企業レベルのときから、社員数３０００人、株式公開企業レベルのＯＳのあるべき対応を社員に伝えていたことがわかります。

人的資本経営を推進するうえでは、「ＤＮＡ・カルチャー」が欠かせないと私たちは考えています。これは、企業がどのステージにいても土台となる、非常に重要なものです。

大手企業を対象とした人的資本経営では、リスキリング「学ぶ」の重要性が説かれています。マネジメントスキルやマーケティングスキルなど、学べば身につくスキルに関して語られているケースが圧倒的に多く、人的資本経営＝リスキリングと思っている人もいますが、現在多くの中堅・中小企業で大きな課題になっているのが、それ以前の部分。

「挨拶をする」
「自分の名前をちゃんと名乗る」
「約束した時間を守る」
「自分で出したゴミは捨てて帰る」
「悪いと思ったら素直に謝る」
「居所を明確にしている」

などなど、小学生に伝えるような「基本のき」です。

「身を美しくする」と書いて「躾」となります。人の立ち居振舞いから身のこなし、心のあり方まで美しくなることを示しています。かつては、日本中の家庭や学校でおこなっていたものだと思いますが、今は会社がこの正しい教育を見直す必要があるのです。

立ち上げた「グループカルチャー推進室」

理念体系を整理していったのが、ちょうどコロナでリモートワークが進んでいったタイミングでした。そして整理が進み、社内に発表するタイミングで、船井総研グループが新たに立ち上げた組織があります。

2023年1月、理念体系が社内に発表されたタイミングで、その浸透をミッションとする「グループカルチャー推進室」がスタートしました。

企業カルチャーを整え、理念の浸透を推し進めていく専属の部署を持つ企業は少ないと思います。しかし、グループの幹部の多くが、その存在なくして理念浸透は難しかったということに数カ月で気づいていきます。

じつは、当初は「グループカルチャー推進を役割とする専属部署を作るなんて」といった声もありました。しかし、もしグループカルチャー推進室がなければ、理念体系は単なるお題目になってしまったかもしれない。そう感じている経営陣や社員は少なくないと思います。

そして、グループカルチャー推進室が真っ先に取り組みを始めたのが、挨拶でした。

リモートワークによって、社内から習慣が消えかかろうとしていたのが、挨拶。

このままでは、挨拶のない会社になってしまう。

社員同士でも、お客さまがお見えになっても、挨拶をしないような会社になってしまう。

そんな危機感が、経営陣の間には、そしてグループカルチャー推進室にはあったのです。

人と人とのつながりは、すべて挨拶から始まります。ビジネスの関係においても、挨拶をせずに物事が進むことはない。しかし、その挨拶がきちんとできない、としたらどうでしょうか。

本気で対策を打つ必要がある、と考えました。

そして、グループカルチャー推進室は、実態をつかみにいくために取り組みを始めます。会社の受付で、社員の挨拶チェックをおこなうことにしたのです。

第3章

カルチャーの定着は
”直接の働きかけ“から

3分の1の社員が、受付での挨拶を無視!

グループカルチャー推進室がまずおこなったのは、カルチャーを取り戻すための1丁目1番地を「挨拶ができるようにする」と定め、実行することでした。

私たちの理念体系のベース【水源】であるファウンダーズスピリットには「良い会社を増やし、世のため、人のために尽くそう。」と記されています。

仕事とは、お客さまはもちろん、働く仲間の役に立つこと、喜んでもらうことです。

朝の気持ちのいい挨拶は、人を笑顔にし、喜んでもらえます。まずは積極的に先手で朝の挨拶をすることから始めようということで、2023年2月1日よりグループカルチャー推進室が新卒1年目社員とともに「挨拶キャンペーン」をスタートしました。

そこには衝撃的な現実がありました。じつに33%の社員が、当初、挨拶を無視して通り過ぎたのです。創業者が「先手の挨拶をしなさい。そのほうがお客さまからも仲間からも喜ばれるよ」と繰り返し語り、新人研修でも伝えていた「先手の挨拶」に至っては、たった18％でした。

また、一緒に「挨拶キャンペーン」をしていた新卒1年目社員との会話も衝撃的でした。

「○○さんは昨年の4月に入社して新入社員研修で先手の挨拶の大切さを学び、最初は元気にやっていたと思うけど、みんななぜ挨拶しなくなるんだろうね？」

数日間にわたり1年目社員全員に同じ質問をしてみたところ、見事に全員から同じ答えが返ってきました。

「先輩や上司がお忙しそうで、挨拶しても返してくれないのでくじけてしまいました」

この会話をキッカケに「大切なことは上からやるカルチャー」を意識しました。まずはグループ各社のトップに「挨拶キャンペーン」に参加してもらい、その後、ディレクターはじめ管理職クラスにも全員、参加の範囲を広げていったのです。

さらに、オフィスに入るときに社員証つきストラップの着用をルールにしていたのですが、これも9割以上の社員が守っていませんでした。社員証つきストラップをかけるのは、社員かどうかを知らせるため。セキュリティのためでもあり、お客さまとの違いを示すものでもあります。

挨拶や社員証つきストラップの着用など、ほころびは小さなところから起きていきます。挨拶しなくても、ストラップを着用しなくても、だれも注意しない、されない……何もしないでそのままにしていたら、大変な状況に陥ってしまったかもしれない。そんな危機感を抱きました。

その後、調査結果は2カ月に一度、データを出してまとめ、経営幹部と共有しました。そして次第にわかっていったのは、明らかに挨拶をする人が増えていったことでした。

スタート段階で無視する人が33%だった状況は、1年後には3%へ。先手で挨拶する人が18%→41%と倍以上になったのです。さらに、1年半後の現在、朝の挨拶では先手で挨拶する人が95%前後まで高まっています。社員証つきストラップ着用率も、今は95%以上となっていきました。

挨拶キャンペーンの結果を計測し、効果を検証

[挨拶]	計測開始時		1年後
先手の挨拶	18%	➡	41%
挨拶したら返す人	48%	➡	56%
無視する人	33%	➡	3%

[社員ストラップ]	計測開始時		1年後
装着している人	5%	➡	95%

ここまで一気に改善したポイントは以下の2点です。

①「大切なことは上からやろう」とグループ全社の経営幹部を巻き込み、幹部全員参加で実行した

②「先手の挨拶」「受け身の声出し挨拶」「無言で会釈のみ、無視」と3分類で測定。その結果をデータ化し、役員会・部長会で共有していった

「大切なことは上からやる」そして「事実を持って語らしめる」この2つを徹底したことで、わずか1年でコロナ以前よりも挨拶レベルが上がる結果になりました。

ただ、一番の理由は「挨拶キャンペーン」に参加した社員が、されるほうはもちろん、するほうも、気持ちがいいと感じたからだと思います。そして、朝の挨拶をする人が増えると、自然に会社も活気づいていく。

毎日の変化は社員にはなかなかわかりづらいところもありますが、受付にいるスタッフは、お客さまから変化の実感を伝えられると語っていました。

「さすが、船井さんは活気があっていいですね」

そんな声が、出迎えを待っているときに受付のスタッフにかかるようになっていったというのです。

また、オフィスには学生もやってきます。彼ら彼女らとすれ違ったときに、「こんにちは」と声をかける社員が増えてきたのです。これだけでも学生に与える印象はまったく変わります。

それこそ、我々はコンサルティングで「社内の人間関係の基本は挨拶。積極的に挨拶をしましょう」などと言っているのです。その張本人たちが挨拶をしていないのでは、説得力がまるでありません。

デジタルに振り切ったところで乱れかけたカルチャーを、まずは朝の挨拶の実践というアナログ施策によって、取り戻すことができました。

しかし、これにはゴールがありません。TPOに合った挨拶品質の向上とその定着まではまだまだ時間がかかると覚悟しています。グループカルチャー推進室と全グループ幹部社員と全新卒社員参加型の挨拶運動は、今も毎日継続しています。

「朝礼を取り戻す」ためのアナログ施策

そしてもう1つ、フルリモートによって変化しつつあったものを、しっかりと復活させていったのが、朝礼でした。こちらもグループカルチャー推進室がサポートしながら、アナログに取り戻していきました。

船井総合研究所は、コロナ前から朝礼に力を入れていました。始業時には全社員が参加し、ほかの拠点ともオンラインでつないで、しっかり集まっておこなっていたのです。

朝礼を大事にしてきたのは、我々のクライアントが中堅・中小企業であることも大きな理由です。クライアントの中には、朝礼の文化を大切にしている会社が少なくなかったからです。

クライアントのカルチャーを理解せずに、私たちが掲げる「経営者に伴走するコンサルティング」はできません。むしろクライアントに対して、先進的で進化した朝礼を見せられることこそ本来あるべき姿ではないか、と考えたのです。こうして、朝礼には本当に力を入れてきたのでした。

フルリモートになっても、朝礼はしっかり続けようと挑んでいたのですが、思わぬ問題に直面することになりました。

朝礼を東京か大阪でリアルに開催するときは当然、同じ拠点の社員同士は顔を合わせることになるわけですが、個々人のパソコンからリモート朝礼に参加するとなると、カメラを○ＦＦにし、画面上に顔を出さずに参加する社員が出てきたのです。

顔を出さない社員が数人いると、「ああ、自分も顔を出さなくてもいいんだな」と考える人が出てきます。そうすると、ますます顔を出さないメンバーが増える。

もちろん、耳では聞いているのだとは思いつつ、実際のところは、運営側にもわかりません。はたして本当に聞いてくれているのか、朝礼の意義について考えさせられることになりました。

じつは、リアルで実施していたときから、朝礼について何かしらのネガティブな思いを抱いていた社員もいたことはわかっていました。入社1年目の社員のスピーチともなると、ベテラン社員や管理職のようには、スラスラとはいきません。それを聞くのに「いったい自分に何の意味があるのか」と思っていた社員もいたでしょう。

そうした思いは、オンラインになって如実に出てしまったのだと思います。リアルなら立って聞いているしかありませんが、オンラインなら画面をオフにしてしまえば、聞いていようがいまいが、わからないのです。

そこで、デジタルの長所を活かしながら、リアル感を大事にするリモート朝礼はどうすればいいかを考え、実行したのが「リモート朝礼4つのルール」でした。

①全員カメラONで顔全体が見えるように参加
②朝礼スタート時、ミュート解除して「おはようございます」と全員で声出し挨拶
③朝礼担当のスピーチが終わったのちに、全員でエア拍手
④朝礼終了時、ミュートを解除して「本日もよろしくお願いします」と全員で挨拶

このようなスタイルにすると、参加者全員の顔が見え、また挨拶することでリアルに近いスタイルで実施することができたのです。

もちろん、この4つのルールを伝えるだけでうまくいくわけではなく、たしかにカメラONにはなっているけれど画面には顔半分しか出していないメンバーや、逆光で顔が真っ黒になっている人、Zoomに名前が入っておらずどこのだれなのか不明な人、あたかも参加している写真を映している社員などなど、面白いほどいろいろ出てきました。

一方で、リモート朝礼をおこなったことの利点もたくさんありました。リアルで朝礼をしていたときは、拠点をつないでも、個別にはっきり顔が見えるわけではありません。オンライン朝礼では、1人1人の顔がしっかりと画面に映し出されます。これを数カ月もおこなっていると、顔と名前が一致するようになったのです。

このように、リモートの長所を活かしながら、できるだけリアル感のある朝礼スタイルを確立していきました。コロナ前よりも、朝礼の目的としている理念体系を深める場、また教育の場、そして一緒に働く仲間を知る場として機能しています。

5つの朝礼の「バージョン」を定義

朝礼については、これまでグループ内で実施している会社もあれば、実施していない会社もありましたが、グループカルチャー推進室と船井総研ホールディングスの新入社員によって、各社がどんな目的で朝礼を実施しているかと、その開催頻度、参加方法、参加率、運営メンバーの構成、コンテンツはどのようなものかを各社ごとに整理しました。その後、5つの朝礼の「Ver.0～5（バージョン）」を定義し、それぞれの会社が今、どのバージョンに該当するのか当てはめました。そして、次なるバージョンに向かうためのサポートをおこなっています。端的に記すと次のとおりです。

●バージョン1

月1回の実施で、社長講話中心。

朝礼の各バージョン

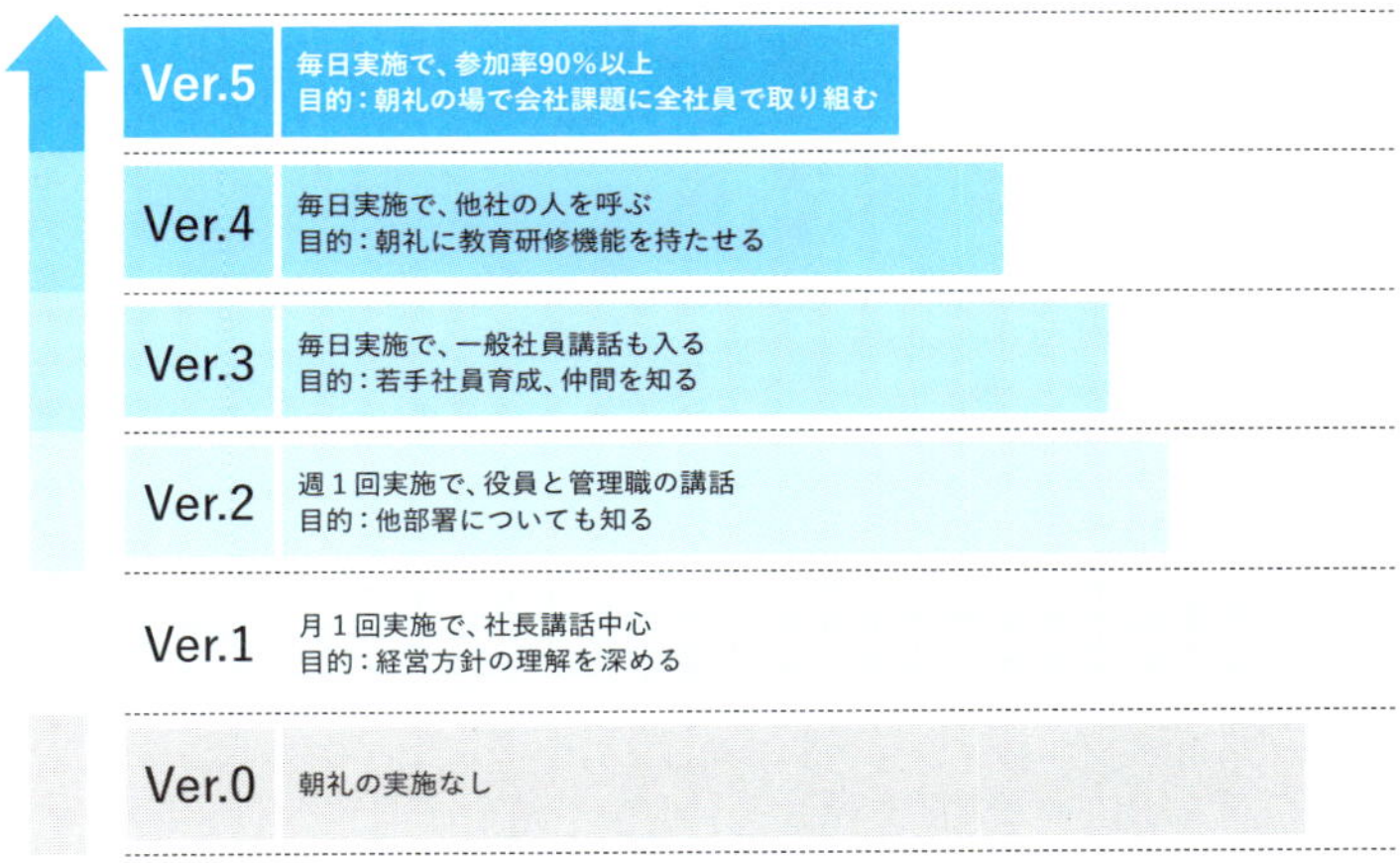

Ver.5	毎日実施で、参加率90%以上 目的：朝礼の場で会社課題に全社員で取り組む
Ver.4	毎日実施で、他社の人を呼ぶ 目的：朝礼に教育研修機能を持たせる
Ver.3	毎日実施で、一般社員講話も入る 目的：若手社員育成、仲間を知る
Ver.2	週1回実施で、役員と管理職の講話 目的：他部署についても知る
Ver.1	月1回実施で、社長講話中心 目的：経営方針の理解を深める
Ver.0	朝礼の実施なし

目的は、経営方針の理解を深めることです。

●バージョン2

週に1回の実施で、役員と管理職の講話。

目的は、経営方針の理解以外にも、他部署の仕事を他部署の管理職から学ぶことで自部署以外の管理職や仕事を知り、会社理解を深めること。

運営も、役員が入って全体設計をおこなっていきます。

●バージョン3

毎日実施となり、役員、管理職講話以外に、一般社員講話が入ってきます。

目的も、「1人1人の仲間を知ること」が加わっていきます。
共通の自己紹介シートなどを活用し、スタッフ職を含めた全社員が順番に講話を担当。
運営は、管理職クラスと新卒1年目が中心になっていきます。
ここでのポイントは2つ。

①朝礼への参加率は最低限50％以上を目指し、リモート朝礼の場合は、ちゃんと顔出しで参加してもらうようクセづける。

②一般社員講話が入ってくるタイミングなので、朝礼にトップ以下役員陣が参加しているかが重要になる。

●バージョン4

毎日実施で、講話をするのは社員だけではなく、経営陣や人事担当者が自社の社員教育になる他社の活躍人財を定期的にゲストでお呼びしていくステージです。

目的も会社理解、仲間理解からさらにバージョンアップし、理念体系を自分たちごと化していくステージとなり、教育的要素を強めています。

運営メンバーには、人事担当者も加わります。

船井総合研究所では、「Funai Way」や創業者精神にまつわる「ファウンダーズスピリット」からテーマを1つ設定し、日替わりで朝礼当番となっている1年目社員が、そのテーマについて数分間スピーチし、その後、管理職などがリーダー講話という形で、毎回2人がスピーチをおこなっています。だいたい10分から15分程度で実施しています。

●バージョン5

毎日実施。移動中など物理的に参加できない人を除いて、参加率90％以上が目安となります。ここまでくると、全社的に朝礼を大切にしていることが共有できている状態と言えるでしょう。

従業員数約120名のスタッフ業務が中心となる船井総研ホールディングスでは、デジタルの長所を活かしたリモート朝礼を引き続き実施しています。社員は基本的に東京と大阪のオフィスに出社していますが、全員自身のパソコンから毎朝参加しています。

曜日ごとにコンテンツが決まっており、月曜日、木曜日が社員スピーチ、水曜日が役職者スピーチとなっています。ユニークなのが火曜日と金曜日です。

火曜日には、2カ月に一度、ある全社課題にテーマを絞り、主体的に解決していくことを目的に、1チーム6人がアトランダムなチームでワークする場を設けています。リアルでは毎回メンバーが集まる事前準備だけで大変なのですが、Zoomを活用したリモート朝礼では一瞬でチーム分けが可能となり、同じ課題を組織を超えたチームで考える素晴らしいコミュニケーションの場となっています。

そして金曜日が教育者研修で、毎回グループ他社から多彩なゲストをお呼びしています。また、4Sの取り組みも朝礼時に3分間、経営陣はもちろん全員参加でショートタイム清掃を実施することにしています。

これを毎年、1バージョンずつアップさせよう、という取り組みを、グループカルチャー推進室が推し進めています。

パーパスの浸透度と朝礼のバージョンはリンクしていた

新たな理念体系を発表した同じ年に、「私たちの大切にすべきカルチャーとパーパスをまずは知り、理解し、共感しているか？　さらに、日々の行動で意識し、実践しているか？」を全社員に問いかける調査を年に一度の頻度でスタートしたところ、調査結果にはっきり現れたものがあります。調査結果と朝礼のバージョンの一致です。バージョンが2の組織よりも、バージョンが3の組織のほうが、カルチャーやパーパスを理解し、意識している社員が多い。バージョンが4、5になれば、もっと高くなります。

しかも、バージョンは業績にもリンクしていました。朝礼のバージョンをアップさせた組織が、業績も上がっていることがわかったのです。これは、カルチャーやパーパスを理解することが、業績アップにつながることを示しています。

じつは、教育としても価値があります。1日10分、朝礼で教育をすると、年間にして営業日数が230日として約38時間になります。まとまった時間、社員を拘束することなしに、しっかり教育ができる場でもあるのです。

社員全員が理念体系をテーマにスピーチすれば、聞く側はもちろん、一番勉強になるのは話す側であることは明白です。

さらに、経営トップはじめ、ほぼ全員が顔出しで聞いているのですから、みんなしっかり準備して臨むことになるため、単に一方通行型の研修を2時間聴くよりも数倍、理念体系の理解と日々意識しての行動が進むのです。

朝礼が始まる前の「ショートタイム清掃」で当事者意識を高める

挨拶、朝礼の強化の少し後からグループカルチャー推進室が始めた、もう1つの新しい取り組みがありました。それが、「ショートタイム清掃」でした。

朝礼は9時半から始まりますが、その開始5分前から社内にアナウンスをして、自分が座っている席のまわりをきれいにする、という取り組みです。

オフィスは清掃業者が入っていますが、デスクの上を拭くなどの作業は依頼内容に入っていません。かつては1年目社員の仕事になっていましたが、コロナがやってきてリモートが進み、その習慣も自然になくなっていってしまいました。

もともと1年目社員も、やりたくてやっていたわけではなく、イヤイヤやっていた社員も少なくなかったようです。

もとよりフリーアドレスになって、自分のデスクという意識が小さくなっていたことも大きいと思います。フリーアドレスでよく使うところはきれいにするけれど、あまり使わないところは関心が向かない。結果として、あまり使われないところが汚れていくのです。

そんな中、コロナがやってきて、出社する社員が減り、いつしか清掃する役割もあやふやになっていきました。そして、徐々に出社が始まっていったとき、会社が荒れていったのは、第1章でも触れたとおりです。

まるで家で過ごすように、オフィスで過ごしている社員もいました。しかも、それを叱るようなカルチャーも弱くなっていた。そもそもフリーアドレスでは、だれの責任になるのか、はっきりしない。「オフィスという共有スペースは、みんなで使うもの」という意識が、薄らいでいってしまっていたのです。

そもそも共有スペースをきれいにするのは、まわりの人たちに対する配慮であったり、相手に対する思いやりから始まっているものです。船井総合研究所では、セミナーやイベントをおこなう際、経営者をお迎えするときには、設営したデスクをみんなで拭くことが慣習になっていました。それが、おもてなしの基本スタンスでした。

ところが、来客もなくなる中で、このスタンスも消え去り、しかもオフィスは荒れていったのです。出社比率が増えてくると、次第にセミナーなども復活して、来社されるお客さまも増えていきました。しかし、オフィスは荒れたまま。まさに危機的な状況になっていたのです。

「社内をきれいにしたい」と考えたとき、浮かんだのが、社員が短時間、一斉に自分のまわりの掃除に取りかかることでした。全員で「せーの」できれいにする。そうすることで、自分たちの会社、自分たちの場所であることも意識できるようになる。それを掃除から始めよう、と考えたのでした。

しかし、就業時間中は会議があったり、外出したり、オンラインをつないだり、と一斉に何かができる状況にはない。そこで、全員が必ず集まることになっている朝礼の時間の直前にやってみよう、と考えたのでした。これがショートタイム清掃です。

アナウンスをして、5分間、掃除をする。自分のまわりのデスクを除菌ウェットティッシュで拭いたり、目についた共用部をきれいにしたり。

掃除が終わると、手に持ったウェットティッシュをゴミ箱に捨てながら、社員は朝礼の場所に集まり、「船井総合研究所グループパーパス」のムービーを見て、その直後から朝礼が始まります。この一連の流れが、今はできあがっています。

「トップが率先しておこなう様子」が空気を変えた

船井総合研究所は、朝礼が始まる9時半が始業時間です。それまでは、業務時間外なのです。ただ、業務時間の直前にきれいに準備して、気持ちよく始業時間を迎えようというメッセージを発信しました。

当初は、掃除に参加しない人もたくさんいました。ミーティングがあるので、と移動してしまう。応接室に隠れる社員もいました。掃除がしたくなかったのでしょう。中には「清掃はやりません」と宣言する社員もいました。感情としては、一定の抵抗感があったのではないかと思います。

ただ、それもだんだん変わっていきました。朝礼開始前にアナウンスがあると、立ち上がって清掃をする社員が少しずつ増えていったのです。身のまわりをきれいにして仕事に臨むほうが、気持ちがいいのは当然のこと。そうした空気が醸成されていったのだと思います。また、多くの社員が一斉に立ち上がって掃除を始めるなかに座ったままで1人仕事をしているというのは、なかなかの強心臓です。そのような人はだんだん減っていきました。

そしてもう1つ、インパクトがあったのは、経営トップが率先して掃除に取り組んだことです。アナウンスをするグループカルチャー推進室が、経営トップ自らが椅子の下を拭いているところを実況中継したりもしました。本社にいる社員にはその姿が目の前でわかりますが、地方でリモートの社員には、社長の姿は見えないからです。

始業時のオフィス清掃の様子

また、月末になるとチームリーダーに清掃状況についてインタビューして、「今月はこんなところも清掃しました」など、状況を聞いて中継したりもしました。

どんどん会社がきれいになっていくこともあって、この中継はかなり盛り上がることになります。

会社がきれいになって、不快になる人はいません。じつのところ、働く場所をきれいにすることは、仕事をするうえでの基本中の基本なのです。ショートタイム清掃は、そこに立ち戻ることができた取り組みでした。

その後、業務時間でもある朝礼終了後の実施に変えたこともあり、今では、ネガティブに思っている人はほぼいないと思います。自分たちの努力でオフィスがきれいになっていて、来社されるお客さまにも自信を持って見ていただける。そして、今は自分のまわりが中心ですが、次のステップとして、自分の身のまわり以外のところにも目が向くように持っていくことを考えています。

「タウンホールミーティング」を重ねて、経営者のメッセージを繰り返し伝えていく

日々おこなうことの形を変えた以外にも、社員への働きかけを強化しました。

グループパーパスは、掲げるだけでは決して定着することはないと考えています。朝礼で理解を深めてもらう以外にも、会社として掲げたものについて、その意図や目的、背景などをきちんと説明し、社員からの質問を受けて回答して、疑問を解消する。

それを目的に、船井総研グループのＣＥＯおよびグループ各社トップが、グループパー

グループパーパス定着のためのリアルな施策「タウンホールミーティング」

グループ全社員との双方向ミーティングを複数回にわたり実施。

パス設定の背景や意図を社員に直接伝えることにしました。

開始したのが「タウンホールミーティング」です。過去の視察で見た海外のテック企業がおこなっていたことを参考にした、グループ全社員との双方向ミーティングです。リアルを中心に、経営トップとグループ社員が直接対話する機会です。

パーパスとは、いわば「緊急性は低いけれども重要度の高いテーマ」です。日常業務においては、緊急性の高いものに追われ、緊急性が低いものへの優先順位は下がってしまいます。パーパスの理解・浸透を図るためには、このような対話の機会をしっかり作り、経営者からのメッセージを繰り返し伝えていくことが不可欠と考えています。

経営者が直接語りかけることで、社員が創業者精神、コアバリュー、ビジョン、グループパーパスなどを一貫性を持って理解、腹落ちする体験を通じて、企業カルチャーが1人1人に深く浸透する。タウンホールミーティングは、海外のグループ企業に対しても現地に訪問しておこなっており、各グループの社員からも非常に良い反応をもらっています。

第4章

ベタなアナログ施策が人の「気持ち」をつなぐ

離職率を激減させた、上司ではない専門人材による「1on1」対話

会社全体の施策だけでなく、会社内の個別の従業員満足を高める施策も、カルチャー改革と人的資本経営の両方の観点に基づき「1人1人と向き合う」形でおこなっています。デジタルに振り切ったことで驚くべき事態が起きたことの1つに、離職率が高まったことは第1章でご紹介したとおりです。じつはこの離職率、ある取り組みを始めたことで、2年ほどで急激に下がることになりました。それが、専門担当者による「1on1」対話でした。まさにアナログな施策ですが、デジタルを組み合わせて、さらに効果的なものになりました。

離職率の高まりの背景の1つには、退職をしようとしている社員の直属の上司が、じつは何もフォローができていなかったことがありました。若い上司が多いこともありますが、辞めようと考えるほどに部下が追い込まれていることに、なかなか気づけなかったりする

のです。

退職していく社員も、いきなり何の前触れもなく辞めるようなことはしません。何らかの変化が現れることが多いものです。ところが、上司がそうした変化に気づけなかったり、シグナルの勘所がわからなかったりしたのです。

そもそも、退職を考える原因が「上司や業務内容と合わない」であることがよくあります。それを上司に相談しても、いわば直接の原因なので、解決することはありません。

その結果、最終段階になって上司に「もう次の行き先は決まっています」と報告だけがされることになります。引き留めることもできず、手遅れでした。

そこで考えたのが、人事部門であるエンプロイー・サクセス（ES）本部にコンサルティングを仰ぐことでした。上司ではなく、リテンションの専門人材と1on1で対話をする仕組みを作ったのです。

まず会社として、全社員を対象とした1on1の「キャリア面談」はおこなっています。そのなかで、多少なりとも離職を匂わせるようなシグナルが出ている社員に特に注意しています。

シグナルは、デジタルツールによっても見えてきます。たとえば、日報の提出率が下が

「上司に相談しても解決しない問題」を解決するプロセス

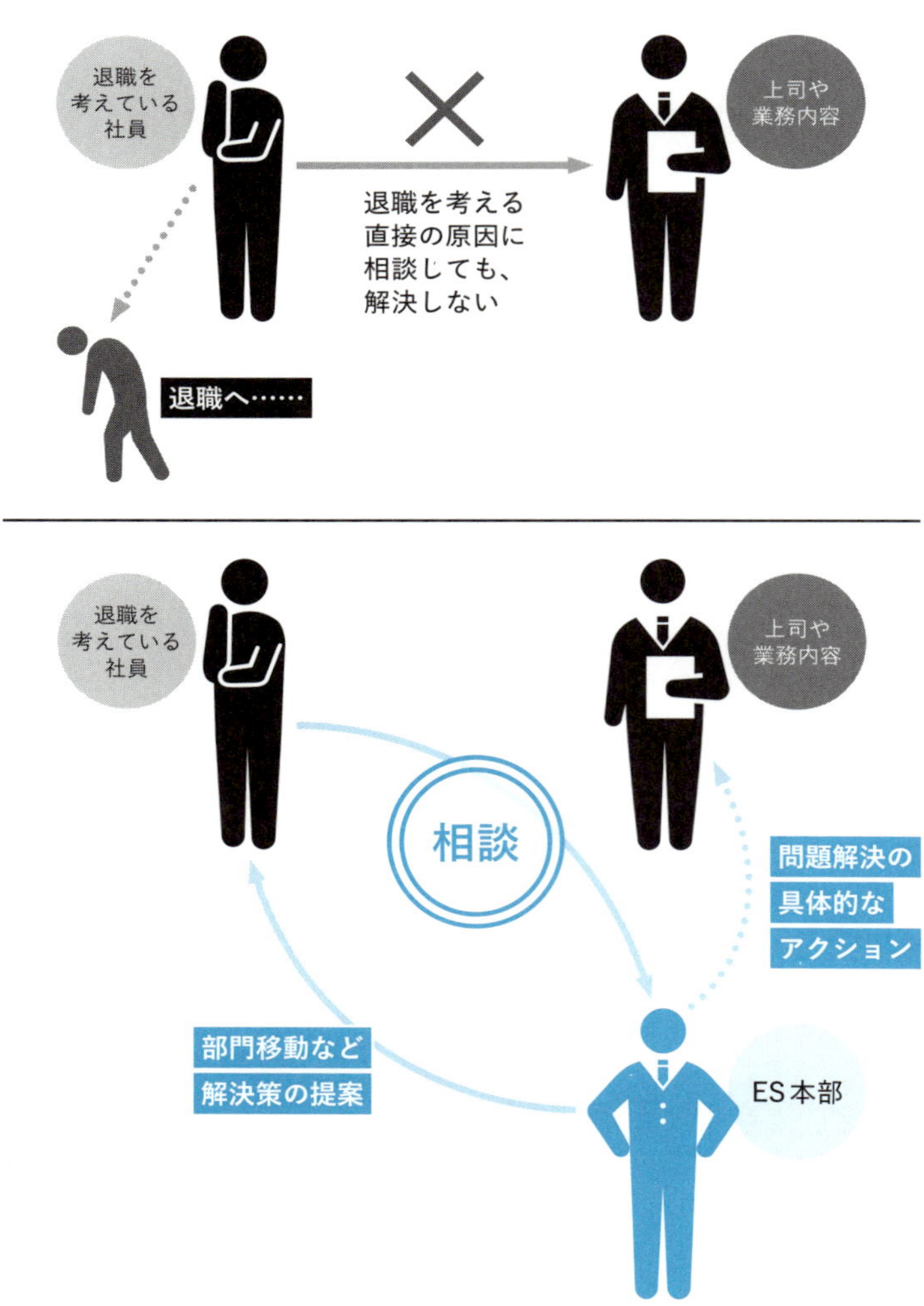

っている。出社回数が減ってリモートが増えている。予算の達成率や進捗率に遅れが出ていて、しかも対策が見えていないなどです。

また、専門人材が上司から状況の共有を受ける時間を設けています。そこから、離職につながる異変が出ていることもあります。たとえば、このようなものです。

- 遅刻が増えた
- おかしな行動が出てきた
- 上申を否認された
- 降格した
- 上長が退職した
- 上長が異動した
- 強いクレームを受けた

キャリア面談では、こうしたシグナルに注意しながら、1on1で対話していく。これが、離職率を大幅に下げることに大きな効果を生んだのです。

「部門異動」という選択肢を知るだけでも、人は辞めなくなる

仮に気になるシグナルが事前にわかっていたとしても、専門人材は、まずは状況のヒアリングから対話を始めます。本人が今、どのような状況にあるのか、どんな気持ちで仕事をしているのか、確認していくのです。

順調だとなれば、問題はありません。一方で、うまくいっていない、やるべき数字が達成できていない、という声が直接出てくることもある。「成長できていない」という意識を持っていることもあります。では、なぜそうなっているのか、どこが引っかかっているのか、少しずつひも解いていくのです。

成果を出せていない理由が、本人にある場合もありますが、一方で、育てられる環境に問題があることも考えられます。また、上長との人間関係がうまくいっていないかもしれません。そうした問題が発生している場合は、しかるべき働きかけをしていく必要があり

ます。

上長ではない第三者に起きていることを伝えられる場があるのは、社員としては貴重な機会だと思います。もし何かで悩んでいて、上司にそれを相談できない場合、相談相手になってもらえるからです。

そして、うまくいっていない場合には、選択肢があるということも伝えられます。たとえば、転職の前に、社内で異動するという手もあります。実際、異動することで、問題が解決できることも少なくありませんでした。

船井総合研究所は、積極的に異動を推奨する会社ではありませんでしたが、離職率の高まりも受けて、方針を変えるようになりました。必要であれば異動する。それが離職を食い止め、また社員の成長につながるのであれば、大きな意味があります。

船井総研グループは、現在その業務内容が多岐にわたっていて、コンサルティング以外のものも増えています。「これまでやってきたコンサルティングがやりたいことではなくなった」という場合や、コンサルティングという仕事自体に意欲的でなくなることもあります。

コンサルティング以外にも、会社にはその人に任せたい仕事がたくさんありますから、

「コンサルタントを無理に続けるか、辞めるか」以外の選択肢もあることを知ってもらい、本人の希望や意向に合わせてキャリアチェンジができるようにしているのです。

また、1on1はオンラインを使っておこないます。そうすることで全国・海外の拠点の社員におこなえるということもありますが、デジタルのZoomのほうが、お互いにやりやすいところがあるからです。

目の前で膝を突き合わせるよりも、圧が減るのはまちがいないでしょう。デリケートな話をするので、人に聞かれない場所のほうがいい。多くのケースで「双方ともに自宅からリモート」というケースが多いようです。社員も、自宅からのリモートなら、安心して話すことができます。

実際、1on1の場では、聞いてみると語ってくれることが多いのだそうです。そういったところから、意外な不満が見えてきたりするのです。

権力で抑えに行ったり、権威でなんとかしようとしても、解決できるわけではありません。今や、そのまま黙ってしまう若い社員も少なくないからです。きつく言って「わかりました」と返事をするだけで、じつは何の解決にもならないことも多い。大事なことは、しっかりと理由に耳を傾けてみることなのです。

また、第6章で紹介するデジタルツール「組織SANBŌ」が組織としての働く環境についてのシグナルを与えてくれる場合もあります。社員が項目ごとにアンケートに答えていくなかには「働く環境」「評価報酬」についての項目があるからです。

たとえば、「働く環境」のスコアが低い部門について個別に話を聞けば、数字達成のプレッシャーがほかの部門と比べても強くかかっているとわかるなどします。

「評価報酬」についても、「適切にフィードバックをもらえていない」といった声があったようです。上長との間で目標を定め、それに向けてどんな進捗になっているかを追いかけていくことも評価のプロセスですが、このあたりもしっかりと上長がおこなっていかなければ部下には理解してもらえない、という認識にもつながりました。

「たくさん給料がもらえないから不満」ということではなく、「評価報酬について正しく理解してもらう」という点で、会社として改善を図ることにもつながりました。

優れた人材やチームをさまざまな角度から表彰する

評価報酬についての理解を深めてもらうために力を入れたのが、「会社はこのような人を評価する」と示すことです。それらの人に前に出て行ってもらう。モデル人材になってもらうのです。

全社員の出席するカンファレンスで話をしてもらう。
対外的に発信していく採用関連ツールでインタビューを受けてもらう。
媒体からの取材を受けてもらう。

モデル人材を会社としても発信していく機会は、もちろん個人としても大きなモチベーションアップのエンジンになると考えています。

これは、グループ各社にも言えます。これから理想とするカルチャーを作り、最終的には業績を上げ、我々がお客さまとともに目指しているサステナグロースカンパニーになっていきたい。イントラネットで各社の成功モデル事例や活躍している人材を紹介したりしています。

船井総合研究所の社員は、モデル企業やモデル社員の話には注目するところがあります。「いい部分を真似していこう」というカルチャーがあるからです。

そして、特に優れた社員については、経営方針発表会でも表彰しています。社員表彰は、全社員にとって、ベンチマークとして何を目指すべきなのかがわかる機会です。デジタルの紹介ツールもありますが、こうした表彰の機会はアナログがとても優れているところだと考えています。

そして、表彰する対象が少しずつ変わってきているところも、社員が注目しているところです。単に「売上をこれだけ伸ばした」「会員数をこれだけ増やした」といった業績を上げていることだけではなくなってきているからです。たとえば、２０２４年の経営方針発表会では、しっかり子育てをしながらもグループ会社でうまく仕事をしている女性社員が表彰されました。また、会社全体で表彰するものもあれば、各部門で表彰するものもあり

さまざまな角度から社員を表彰

「営業成績が良かった」などわかりやすいもの以外にも、
目に見えにくいけれども評価に値する働きを表彰。

ます。

対象社員が大きくモチベーションをアップさせ、ほかの社員にも好影響を与えることができる表彰を、これからも積極的に活用していくことを考えています。

女性コンサルタントのロールモデルより学ぶプロジェクト

「見本となる姿を見せることで自分の進むべき道を明確にしてもらう」その1つが「女性社員活躍プロジェクト」です。

コンサルティング業界、とりわけ船井総合研究所はクライアントが全国にあり、出張が多いことなどから、男性社員が多い職場でした。しかし、男性以外の社員を増やし、どんな社員も長く働き続けられる環境を作らなければ、サステナブルな成長にはつながりません。

ダイバーシティの視点を高めてきたこともあり、すでに中国人やインド人など、外国籍の社員もたくさん活躍しています。ただ、目の前で課題になっているのは、やはり女性社員についての環境整備がまだまだ遅れていることでした。

体力的に差がある以外に、男性と女性で能力的な違いはありません。違いがないにもかかわらず、環境のせいで出せる成果に差があってはいけません。

女性が結婚、出産等を経ても、安心して働き続けられる環境をいかに作っていくか。子育て中の社員が働ける時間が限られるのであれば、どんなサポートを会社としておこなうことができるのか。

働く時間が限られる中でも、不利益が生じないようにするにはどうするか。

こうした諸問題を解決していく必要がありました。

こうしてスタートしたのが「Lady Go Project」です。すでに10数年前から女性社員から声が上がっていたのは、「長く働いていけるイメージが湧かない」でした。結婚したら、子どもを産んだら、それまでのように働ける将来像を描けない。こうした悩みを解決し、女性社員の在籍年数を延ばしていくことが大きな目的です。

さらに、生産性を上げるにはどうするか。女性の管理職を増やしていくには何をすればいいか。今や女性管理職比率は、対外的に公表もされます。こうした課題にどう取り組むかも目的でした。

1名の女性社員を専属でプロジェクトチームの長に据え、コンサルタントなどほかのメンバーが一緒に協力をしながら進めています。

たとえば、長く働いている女性先輩社員の経験談を共有すること。新卒1、2年目の女性社員を中心に、だれでも参加できる「キャリなびcafe」を開催。3人の子どもを持ち、大活躍している女性社員が登壇し、どんなキャリアを歩んできたのか、子どもを産んでどう価値観が変わったか、仕事と子育ての両立についてトークセッションやディスカッションをおこないました。

「長く働くイメージが湧かない」を解消するための方法が「見本となる人を身近に感じてもらう」ことです。自分の部署に見本がいなければ、なかなか先を想像することができませんが、ほかの部門にいる人をつなぐことで、将来の姿を具体的に描けるようにしています。

働きやすい環境を作っていくという制度面を整えていくことも重要です。そして法的に整えなければいけない制度はすべて揃っています。しかし、それだけでは充分とは言えません。

育休に入っていくとき、「行ってらっしゃい」と送り出すだけで、はたしていいのか。その間、だれかがフォローしているか。戻ってくるときの不安を少しでもやわらげられているか。

実際、戻ってくる場所もわからず、復帰するときのイメージもつかないまま送り出され、不安になっているケースは少なくないのです。

そこで今は、育休に入る前に、不安を解消するためのコミュニケーションを深めたり、人によっては戻ってくるところを決めていくこともあります。一方で、心境も変化するので具体的なことは戻ってくるときに考えたいという人もいます。まずは当事者のそうした希望を聞き、対応しています。

育休に入る前の妊娠の報告を受けたときから育休中、戻ってくる直前や保育園が決まるタイミングなど、合計で5回、当事者と担当者の面談をおこなっています。復職後も、短い期間で新たに面談を組むなどして、サポートは継続しておこなっています。2017年以降で育休に入った女性社員24人中23人が復帰しており、復帰率は95・8％です。

当事者へのサポートはできるだけ手厚くおこなっているつもりですが、そもそも全体のなかで人数の少ない女性に対し「環境は整えたので頑張ってくださいね」というスタンスは適切ではありません。女性社員の労働環境を良くするためには、大多数を占める男性にとって自分事になることが不可欠です。

そのために推奨しているのが、男性の育休取得です。社内外の理解を深める取り組みを続けた結果、男性の育休取得率は、船井総合研究所では8割を超えています。長期の育休は多くはありませんが、少なくとも取得する人はしっかり取得している状況です。育休を取得した男性社員からは

「家族だけに向き合えて、夢のような時間だった」

「子育ての大変さがよくわかった。仕事をしながら関わるのでは、絶対に知ることができなかった」

といった声が寄せられています。

部署を超えて子育て中の社員が集まり、ノウハウを共有したりする「パパママラウンジ」も開催しています。意識しているのは「当事者だけでなく、みんなで頑張ろう」というつながりをつくることです。

管理職の男性に対しても「女性社員はこういう風に思っている、感じている」ということを伝える講座を聞き、その内容をもとにディスカッションする場を設けています。

働く人全員にとって自分事にする、かかわるすべての人が主体的になること、それをルールと個別の取り組みで進めています。


女性管理職の育成に関しても、取り組みを進めています。管理職は4等級でマネジメントコースになりますが、まずはその下のチーフ職につく人数を増やそうというのが、社内で掲げている目標です。だれがチーフにふさわしいかを部門でピックアップし、その人がどのようにその後、昇進していくか、そのサポート体制について、育成シートを部門から出してもらっています。さらに人事は、そのとおりに進んでいるかのチェックをおこない、さらに対象者のメンタル面のフォローを1on1の形でおこなっています。

当人たちに対しおこなっている個別の施策が「ホッとランチ」です。3年目以上の、仕事の面でも活躍し始めるくらい年次の女性に対し、順調に上の等級に上がる、役職に上がってもらうために必要なことを、ランチタイムの時間を利用してさらに上の年次の女性社員が伝えています。この費用は、会社で補助しています。

それらの取り組みをおこなった結果、2023年は過去最多となる14人の女性社員がチーフ職への上申機会を得ました。今後もこの数は増えていく見込みです。

飲み会で格差を生まない。昼間の業務時間内におこなう「コミュニケーションデー」

「社員の属性によって差を生まない」ことを目的とした全社的な施策も開始しました。

アナログが中心の時代には、社員間のリレーションを深める方法として、「飲みニケーション」のようなものが中心として機能していました。まさにリアルでアナログな取り組みですが、今は子育て中の社員もいて、業務時間外でもありますから、全員が夜に集まることがベストの選択肢ではなくなってきています。

船井総研ホールディングスがおこなっているのが、「コミュニケーションデー」です。3カ月に一度、勤務時間内に全社員100名ほどが集まって、軽食を用意して懇親をしています。夜であれば出られない社員も、昼間でしかも勤務時間内となれば、参加しやすくなります。

ホールディングスはおもにスタッフが多いのですが、懇親の大きな目的は「自分が所属する部門以外の、横のつながりを広げてほしい」というものでした。経理、法務など、縦のつながりがしっかりあるのがスタッフ部門ですが、実際に仕事をするときには部門横断となることも多い。そのとき、横のつながりを持っておくことは、業務に大いに生きてきます。

また、縦のつながりが強くなればなるほど、組織がタコツボ化することは避けられません。たとえば、ほかの部門から何かを頼まれたとき、「それはこちらの担当ではありません」といった対応になってしまう危険もあります。会社は、いろいろな機能で成り立っているのです。

「横がつながっていることを意識し、連携して取り組みを深められるように」という想いが、「コミュニケーションデー」にはこめられています。この目的も、参加者にはしっかり伝えてあります。

社内外で「ナナメの人間関係」を作る

昨今新たに取り組んでいるのが、「社内外のナナメの人間関係づくり」です。「上司と部下」はいわば「タテ」で、「同期入社」や「部署内」は「ヨコ」と先ほどお伝えしましたが、それとの別の新たな関係構築、それが「ナナメ」です。上司部下、部署や同期以外にもつながりを作る。具体的には先述の「パパママラウンジ」のほかに「県人会」や、新オフィスの「Family Day」などの取り組みです。

●県人会

同じ出身地という共通事項で、部門も年次も役職も関係ないつながりを作る。
県人会の集いを定期的に開催し、さまざまな人が集う。
Zoomでそれを東京と大阪でつなぐ。

リアルに会った人はもちろん、オンラインでも挨拶をし、共通点があると、知っている人との関係は良好になり、一緒に仕事をすることになった際はスムーズになります。

●Family Day

オフィスに社員の家族を招待し、会社への理解を深めてもらうことを目的に開催しました。

コンサルタントという職業は、目に見える商品を作るわけでもなく、決まったサービスがあるわけでもありません。何をしている仕事かわかりにくく、「いかがわしい」印象を持っている人もいます。社員の家族にも、「娘の婿の仕事はよくわからない」と思われていいた

タテ、ヨコに加え「ナナメ」の人間関係を構築する

県人会

Family Day

タテ(上司・部下)、ヨコ(同期、チーム)以外にも
ナナメ(同郷、家族)のつながりを作る。

りするものです。

Family Dayでは、家族にオフィスを訪問してもらい、社員がセミナーで講師を務めている様子を投影したりと、実際に働いている様子を感じてもらえるようにしました。社員ならびにその家族からは極めて好評でした。家族に「こんなすごいオフィスで働いている」と思ってもらうことで、社員のエンゲージメントは高まります。

Family Dayでは、社員の家族が楽しめるよう、子ども向けのイベントも多々おこないました。その様子をイントラでも公開し、不参加の社員にも「次はぜひ参加したい」と思ってもらえるような形を整えています。

採用はデジタルとアナログの合わせ技で「つながり」を強める

「つながる」という観点で、デジタルも使って強化したのが新卒採用です。

採用活動のオンライン化で多くの学生に内定を出した一方、大量の辞退者を出してしまったという話はすでに書きました。その理由は、内定後にしっかりとフォローできていなかったことも、大きかったと考えています。

それをひと言でいえば、採用で「つながり」を作れなかった、ということだったのだと思います。オンラインでたくさん学生を集めることができ、多くの内定を出すことはできましたが、会社とのつながりが浅く、あまりお互いに引っかかりのある採用にできなかったのです。

その反省から、翌年以降は必ず面接はリアルでもおこなうようにし、またできるだけリアルを組み合わせ、アナログに「つながり」を作っていくことを考えたのです。

たとえば、採用イベントはできるだけリアルで開催します。一方で、最初の面接は人数も多いので、デジタルを活用してオンラインで実施し、最終面接はリアルを必須としました。

内定を出すときも、リアルで本人と向き合っておこないます。しかも、「内定です」とはすぐには言わず、まずは面接ではどんな点が良かったか、どんな点が気になったか、きちんとフィードバックするのです。

役員の評価なども伝え、最後の最後に「合格ですよ」という話をします。事務的に「内定です」と言われるのではなく、どんな点が評価され、どういう印象を持たれて内定に至ったのか、きちんと聞けることは、やはり学生には特別な感情をもたらすようです。

こちらからも「最終選考はどうだった？」といった話を聞いていきます。そこから、「役員も合格と言っていたよ」という話に持っていき「こんなところが良かったよ」と伝える。そうすると、とても喜ばれます。「頑張って良かった」という気持ちにもなるのだと思います。

人事としては、手間も時間もかかります。それでもあえてやっているのは、「つながり」すなわち社名だけでない引っかかりを作りたいからです。感情の起伏のようなものが起こらなければ、印象に残らないのです。実際、こんなことをやっている会社はないようで、学生からは毎年、とても好評です。入社後の社員向けのアンケートでも「内定時にフィードバックがもらえたのがよかった」という声がよく上がります。

そして、内定を承諾してもらえたら、その後も定期的にフォローを入れます。リアルの面接を一度組み入れたくらいでは「つながり」は作れません。接触頻度、さらにはインパクトが必要になるのです。これを、デジタルとアナログのハイブリッドでおこないます。

まず、内定後は毎月オンラインで面談をおこない、合間合間に、強烈なインパクトのある出来事をリアルで入れていきます。心を揺さぶるようなものは、リアルでなければ、やはり難しいからです。

1つは、同期となる仲間たちと一緒に、大勢の現役社員に会ってもらう交流会です。やはり入社後の先輩たちに、じかに仕事のリアルな話が聞けるのは、なんともワクワクする機会になるようです。自分の数年後がイメージでき、一気にモチベーションが上がっていきます。

また、仕事の話をするだけではなく、バーベキューのようなカジュアルなアウトドアイベントもはさみます。リラックスして、仕事を少し離れたところで、いろいろなコミュニケーションを交わすことができる。

さらに、毎年8月に船井総合研究所がグランドプリンスホテル新高輪で全国の経営者や著名な経済人などを集めておこなっている「経営戦略セミナー」を見に来てもらいます。「船井総合研究所という会社のスケールのすごさが改めてわかった」と学生にとって非常に心に残る場になるようです。

毎月のオンラインでは、30分程度、いろいろな話をするだけですが、合間合間に、こう

リアル＋オンラインの接点

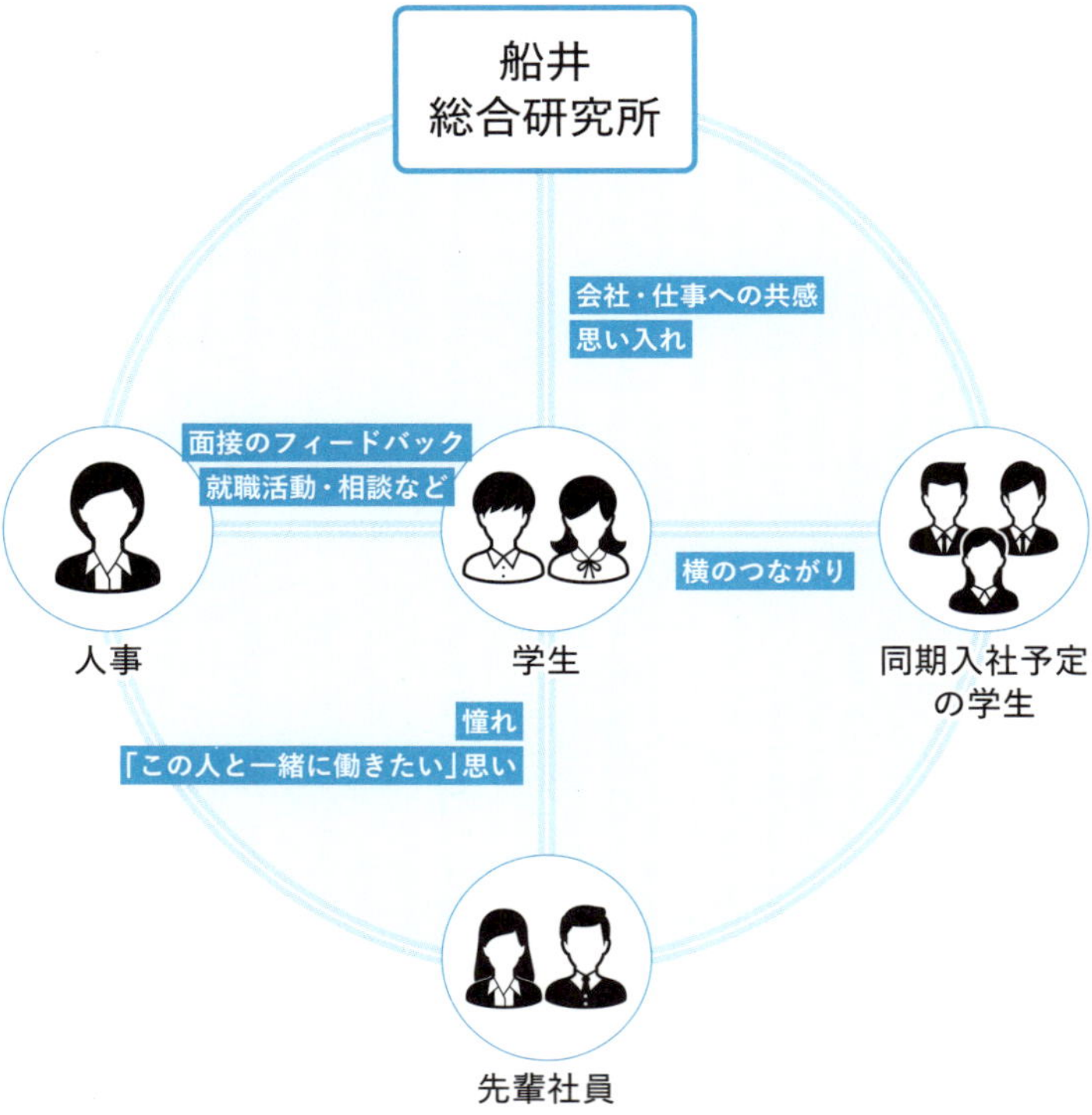

した心が揺さぶられるようなリアルな出来事、アナログな取り組みが打ち込まれることで、学生には「つながり」が生まれ、そうそう心が離れることはなくなるのです。実際、オンラインでのリレーションとリアルのイベントを組み合わせるようになってから、辞退者はほとんどいなくなりました。

採用トレンドが早期化している中、大学3年生の時点で内定をもらってしまうと、そのあと1年以上にわたって時間があります。この間に学生はいろいろなことを考えてしまうものです。だから、内定を出した後にこそ、しっかりフォローし、いろいろな社員と会ってもらうことが大事になるのです。

オンラインで採用を推し進め、「つながり」が作れない状況では、学生の心をつなぎとめていくことは難しいものがあります。実際、最初のオンライン採用では、船井総合研究所についてよく理解しないままに来ていた学生もいたのだと思います。イベントに参加し、オンラインですべて終え、ひとまず内定をゲットしておき、その後もっと良い条件の内定をもらえれば辞退する。そんな印象でした。

ひと昔前は、リクルーターのような社員の担当を作り、採用する前後に学生に連絡を取って、口説き落とすような採用がありました。また、内定後も担当が高頻度に連絡を取って、リレーションを深めていくことで、自社を選んでもらうようにしたものです。その現代版、と言えるのかもしれません。

100人以上の新卒社員全員と経営トップがランチをする意味

採用後の施策にも、アナログで手間をかけているものがあります。100人以上入社してくる毎年の新入社員を4人ずつに分けて、半年ほどかけ、社長と直接ランチする場を設けています。顔を合わせて、ざっくばらんに話をするのです。船井総合研究所は、「社長との距離が近い」「役員との距離が近い」という点も採用活動時に会社の魅力として掲げていますが、まさにその表れの1つとも言えます。

新入社員にしてみれば、直接、社長と間近でいろいろな話ができ、顔と名前を覚えてもらえる機会にもなり、自分の想いも聞いてもらえ、自分を直接、社長にアピールできるのです。

一方で、社長にも貴重な時間になっています。社長から直接、会社への想い、仕事への想いを伝えられるのです。ファウンダーズスピリットや理念体系、船井総合研究所のカルチャーについても、彼ら彼女らに直接インプットできる機会になります。

実際、新人時代に社長とのランチを経験した社員は、「社長にこんなことを言われた」と3年目になっても覚えていると語っていました。それほどに、社長と間近で会話するというのは、インパクトがあるのです。

入社からの数年間は、極めて重要な期間です。3年目、2年目の先輩たちが、新入社員を直接教える機会が多いだけに、3年目、2年目の先輩たちがもしおかしな育てられ方をしていたら、悪い癖がどんどん下に受け継がれていってしまうようなことになりかねません。

逆に、3年目、2年目の先輩たちをうまく育てられれば、その文化が下の世代にも伝わっていきます。いい文化を継続できる。もっといい組織にも持っていけるということです。だからこそ、経営トップからの直接のメッセージは大きいのです。

しかも、年間100人以上、直接ランチをする社員が増えていくのです。顔と名前がわかるようになり、一度も社長としゃべったことのない社員がどんどん減っていくことになります。

じつは、船井総合研究所の社長は、新卒採用の最終面接に必ず出ています。「自分の社員なのだという感覚を、しっかり持ちたい」という想いがあるようです。自身がコンサルタントとして現場にいた頃、規模の大きい会社のほうが、採用の面接に出ている社長が多かったのだそうです。

「ある一定のところまでは、社長が自ら採用に責任を持ったほうがいい」

そんな想いを強くしたと言います。

もちろん、成長環境も重要ですが、どんな人材を採用するかは、もっと大事。彼ら彼女らが、まさに会社の文化を作っていくからです。

そしてランチでは、最終面接では聞けなかったフランクな質問をぶつけていきます。最近の就活の動向。どんな媒体を見てきたか。就活では何を調べていたか。ほかにどんなところを受けていたか。

社長が100人以上の新入社員全員とランチを実施

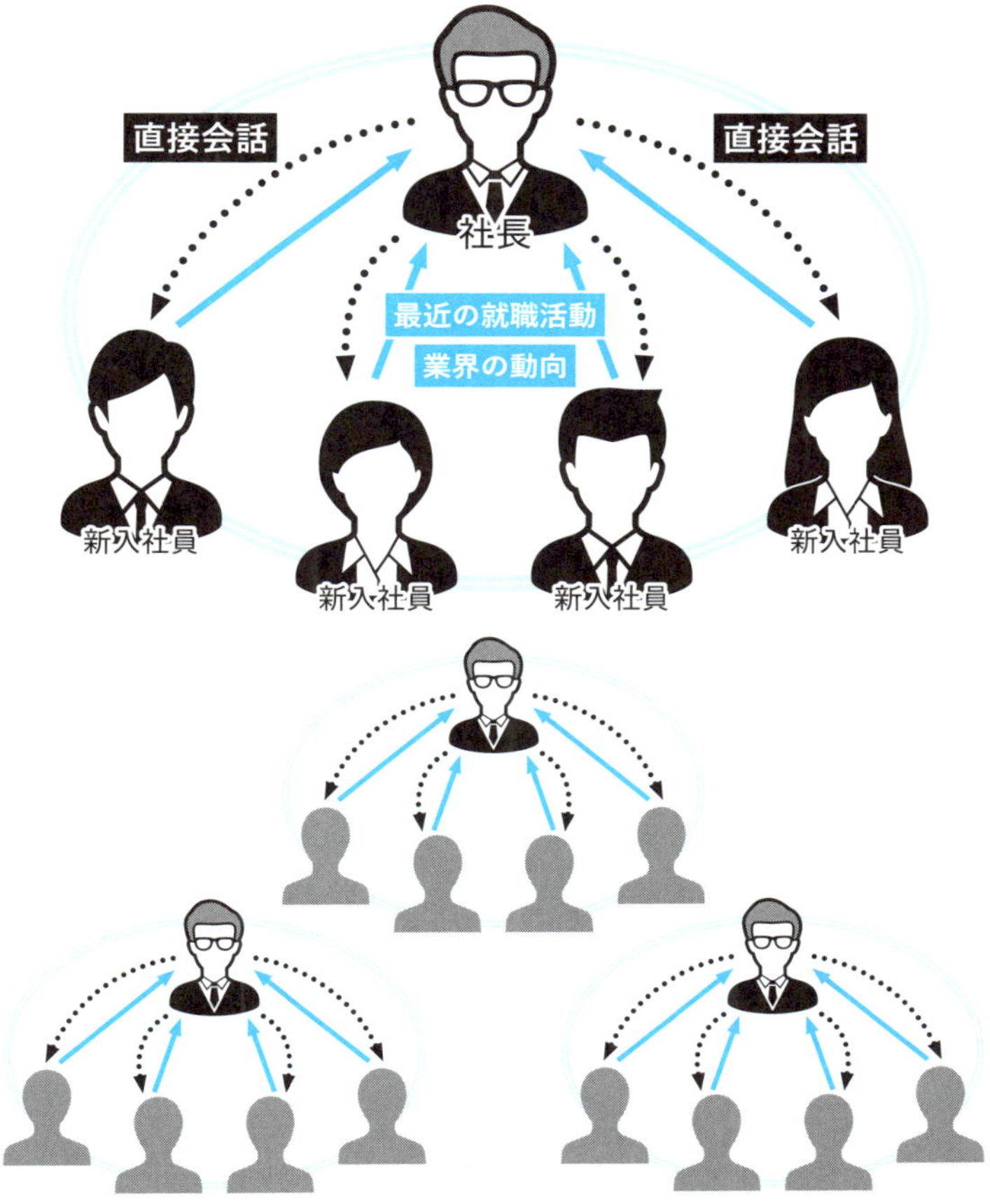

「社長と直接話をした経験」を
すべての新入社員にしてもらう

若者たちの動向を探る、採用状況の最前線をリアルに捉えるという意味でとても参考になっているようですが、もう1つ狙いがあります。じつは学生は、コンサルティング業界の新しい動向についてくわしかったりするのです。

船井総合研究所のコンサルティングの現場では、相見積もりを求められることは少なく、新しい競合とぶつかることはあまりありません。ところが、学生と会話していると、聞いたことのない会社が出てくるので調べてみると、急成長していたりする。そんな情報を、学生は持っているのです。

今は小さな存在でも、後にディスラプターになっていくこともあります。そこに無関心でいいわけがありません。学生の持つ最新の業界動向は、貴重な情報源になっているのです。これもまた、アナログの成果といえます。

デジタル化が進み「コンサルティングがもたらす価値」も変化した

お客さまに提供しているコンサルティング事業も、コロナがやってきてリモートに大きく移っていくことになりました。感染対策を考えると、感染者の多い都市部から、地方都市へと移動していくことは大きなリスクでもありましたから、それは仕方がないことだったと思います。

ただ、フルリモートを経験したことで、「コンサルティングもリモートが大いに使えるということにクライアントも我々も気づくことができた、という面はあったと思います。それこそ創業期から20年ほど前までは、オンラインの技術がまだ確立されていなかったこともちろんありますが、「現場こそがすべて」という時代でした。

「どのくらい長くクライアントの経営者のそばにいて、どれくらい長い時間、話していられるか」

それが経営者の満足度につながるような時代が長く続きました。

しかし、コンサルティング業界が成熟していく中、長時間コンサルティングするのではなく、「しっかり成果を出すことこそが重要だ」という考え方へと変化していきました。むしろ、できるだけ業務の邪魔をしたり、経営者の効率や生産性を下げることなく、短時間で必要なコンサルティングをおこない、成果を出していくことが求められるようになっていったのです。

加えて、少しずつリモートが使われるようになりましたが、その利用があたりまえになったのが、まさにコロナ禍でした。そして、リモートでできることがたくさんあることがわかりました。

しかも、コロナもあり、クライアントもリモートにまったく抵抗がなくなりました。「来社するのではなく、リモートで済ませようとは何事だ?」という反応もかつてはありましたが、むしろ「リモートでできるならリモートでやればいい」という認識が浸透したのです。

かつては「わざわざ来てもらったなら、わずかな時間で帰すわけにはいかない」という思いもあったのでは、とも想像します。そうして無理に時間を使っていたようなケースもあったのかもしれません。

しかし、オンラインでできる内容ならそれで済ませてしまえばよく、「訪問する日程を調整すると1カ月後」よりも「10分、15分でいいので今すぐ話せる」ほうがいいこともあるのです。コロナの間にオンライン環境も整い、だれもがかんたんに使えるようになったことはとても大きな意味がありました。

コロナが明けてからも、改めてそのスタイルが変わっていったコンサルタントが、少なくありません。

デジタルを活かしながら進めている「リアルを取り戻す」

たとえば、経営者に対しては2カ月に1度の訪問で、しっかり話をする。

それ以外は、リモートで月3回、担当者としっかりやるべきことができているかを確認する。

そんなアナログとデジタルのハイブリッド型のコンサルティングが、今は主流です。

コンサルタントとしては、移動する時間が減った分、コンサルティングに使える時間が増えました。1人あたりの携わる企業も増やすことができています。

生産性を上げることができただけでなく、できた時間を使って「次に何をしていくか」といった考える時間にも充てることができるようにもなりました。クライアントの戦略を考えるだけでなく、コンサルタントとしての戦略を考える時間も作ることができたのです。

ほかにも、全国の経営者の集まる勉強会、経営者研究会をオンラインでおこなうことができるようになりました。経営者にとっても、移動の負担がなく、オンラインでの情報交換ができるようになったことは、大きな価値だったと思います。

さらに、勉強会の場でもそうですが、データベースで情報を共有するなどの活用の仕方で、経営者同士の接触頻度を上げることができたり、情報のクオリティをより高めていくことができたのはまちがいありません。

しかし一方で、デジタルの難しさも見えていきました。たとえば、クライアントの経営者と難しい経営判断について相談をするとなれば、オンラインではかんたんにはいきませんでした。目の前で資料を広げつつ、膝詰めで向き合ってシビアな内容を考えていく。そんな時間をオンラインで作ることは、かなり難しいことがわかったのです。実際、何かを決めようとしても、難しい判断であればあるほど、「オンラインではなかなか決められない」という声が上がっていきました。

経営者研究会についても、たしかに情報共有はしやすくなります。情報のクオリティも上がり、オンラインの中でも経営者同士の接触頻度は高まった。しかし、リアルで隣に座り、雑談も交わしながら人間関係を作っていく、といったことはオンラインではできません。

まったく関係のない世間話から共有の友人が見つかって、思わず会話が盛り上がって親しくなったり、「完全な異業種でありながら、偶然にもビジネスがつながげられることがわかった」などということも、オンラインではなかなか起きるものではありません。そこで改めて船井総合研究所として大きく打ち出すことを決めたのが、「リアルを取り戻す」でした。もちろん、デジタル、オンラインも活用する。しかし、我々の創業以来の価値とは何であるか。創業以来、何で成功してきて、何を勝ち筋としてきたか。それこそが、リアルでした。顧客主義、現場主義こそ、創業以来の船井総合研究所の成功パターンだったのです。

だからこその「リアルを取り戻す」でした。コンサルタントを現地に送り込んだり、直接リアルで社員同士のコミュニケーションを取ったり。そんなふうに昔からやってきたことを、改めて原点回帰でやっていこう、ということです。

単なるハイブリッドではない、デジタル＋アナログ。効率重視のオンラインではなく、アナログなアプローチによる、より満足度を高めるためのメリハリをつけた行動。原点を大事にした、そんな事業体系を、我々は今、考えています。

お出迎え、お見送りができるための「短縮会議ルール」

「しっかりお出迎え、お見送りをしなさい」

これも創業の精神の1つとして、創業者がよく口にしていたことです。お見送りは、できればビルの1階まで降りておこなう。

お客さまが、わざわざ会社においでくださったのです。その感謝を込めてのあたりまえの行動、というのが創業者の考え方だったのだと思います。また、創業者が接していた一流の方々がお出迎えやお見送りを見事になさっていたということも大きかったのかもしれません。

ところが、この「とりわけお見送りをしっかりやろう」というカルチャーが、フルリモート化によって、乱れてしまいました。オンライン会議は移動を必要としないため、時間効率よくおこなうことができるわけですが、逆にいうと、ギリギリまで時間を使うことができます。11時までのオンライン会議なら、だれもがあたりまえのように11時ギリギリまで会議をおこなってしまう。

仮にそのあと、別のオンライン会議が入っていたとしても、オンラインであれば移動時間はありません。パソコン上ですぐに別の会議に切り替えて次のオンライン会議に入室するだけで、ミーティングができてしまうのです。

こうしたオンライン会議があたりまえになってしまうと、「会議は時間ギリギリまでやるもの」という空気感をだれもが持つようになってしまいます。実際、リモートから徐々に出社に切り替えたとき、時間ギリギリまで終わらないという会議が続出したのです。それでは、大急ぎで別の会議室に急がねばなりません。本来であれば、余裕を持って終わるべきところなのです。また、会議がギリギリまで終わらないので、次の会議のために社員が会議室の外で待っているようなこともたびたび起きていました。

それでも社内のメンバーでの会議なら、慌ただしく移動すればいいわけですが、お客さまをお迎えしているとなれば、そうはいきません。お出迎えをしたり、お見送りをすることが求められてくるのです。ギリギリまで会議をしていたのでは、それができなくなって

お出迎え・お見送りのための会議ルール

5分前です
5分前です
会議室利用の時間厳守によって
お出迎え・お見送りの時間を確保

しまいます。

来客が増えていく中で、ここに危機感を持ったことで、会議ルールを策定することにしたのでした。それが、「30分の会議なら、5分前終了」「60分の会議なら、10分前終了」というルールです。

当初は「早めに会議を終えよう」というメッセージだけでしたが、2024年からは、しっかりと時間を区切るようになりました。そうでなければ、なかなかできるものではない、と判断したからです。

第7章でくわしく書きますが、オフィスの移転もあり、より広くなったオフィスでは、移動にますます時間がかかるという懸念もありました。そして何より、新しいオフィスでもお出迎え、お見送りをしっかりおこなうべきだと考えたからです。

「5分前、10分前に終える」をルールとし、また徹底することで、社員もそのつもりで会議をするようになっていくのです。

お出迎え、お迎えは、こちらの気持ちを伝える行為であり、まさに人間にしかできないこと、アナログの施策です。デジタルも駆使して社内の会議室利用の時間厳守を含め、改めてお出迎え、お見送りの文化をしっかりと根づかせたいと考えています。

「直接関係ないアナログなインプット」が大きな成功のカギでもあった

「お盆でもお正月でも、可能なら実家に帰って墓参りをし、一族の年配の人たちに話を聞きましょう」

船井総合研究所の経営陣がよく、地方出身の社員に語りかけることです。

若い頃には、その大事さはわからないものです。しかし、うまく生きていこうとすると、自らが何者であるのかが、客観的に人と触れ合うことによって、わかってくる。自分たちの家系というのは、こういうものが得意なのだとか、みんな揃ってこんな短所があるのだとか、癖のようなものが見えるものです。

じつは会社もまさにそうですが、自分理解、自社理解が早くできた人が、個人としても活躍でき、会社としても伸びます。つまり、故郷に戻って近しい人と語ることは、じつは成功ノウハウそのものだったりするのです。自分に合うもの、自分が心地いいものと、会社や会社が目指すものが一致したほうが、本人も居心地がよく、会社も大事にしてくれます。

それこそ、「コンサルティング会社だったらどこでもいい」と入社してきて、外資系企業が使っているフレームワークのようなものを一生懸命振りかざして、セミナーやコンサルティングで話しているコンサルタントがかつていました。しかし、お客さまに言われるのです。「船井総合研究所にそんなことは期待していない」と。そうなると、船井総合研究所のコンサルタントとしても成果を出すことができません。それよりも自分理解、自社理解をするほうが、大きな武器になる。

そしてその考えは、クライアントへのコンサルティングでもお伝えしています。

我々がよくご相談を受けることに、2代目、3代目の経営者と先代の関係があります。せっかく社長になったのに、会長に退いた父親が今も全権を握っていて、なかなか思うように経営ができない。社長なんて名ばかりで、全然、経営をやらせてもらえない。

そこで我々がアドバイスしているのは、会長からとことん話を聞くことです。会長がどうしても伝えたいこととは何なのか。それをしっかり聞き取って、文書に落としていく。

うまくいく事業継承、いかない事業継承の違い

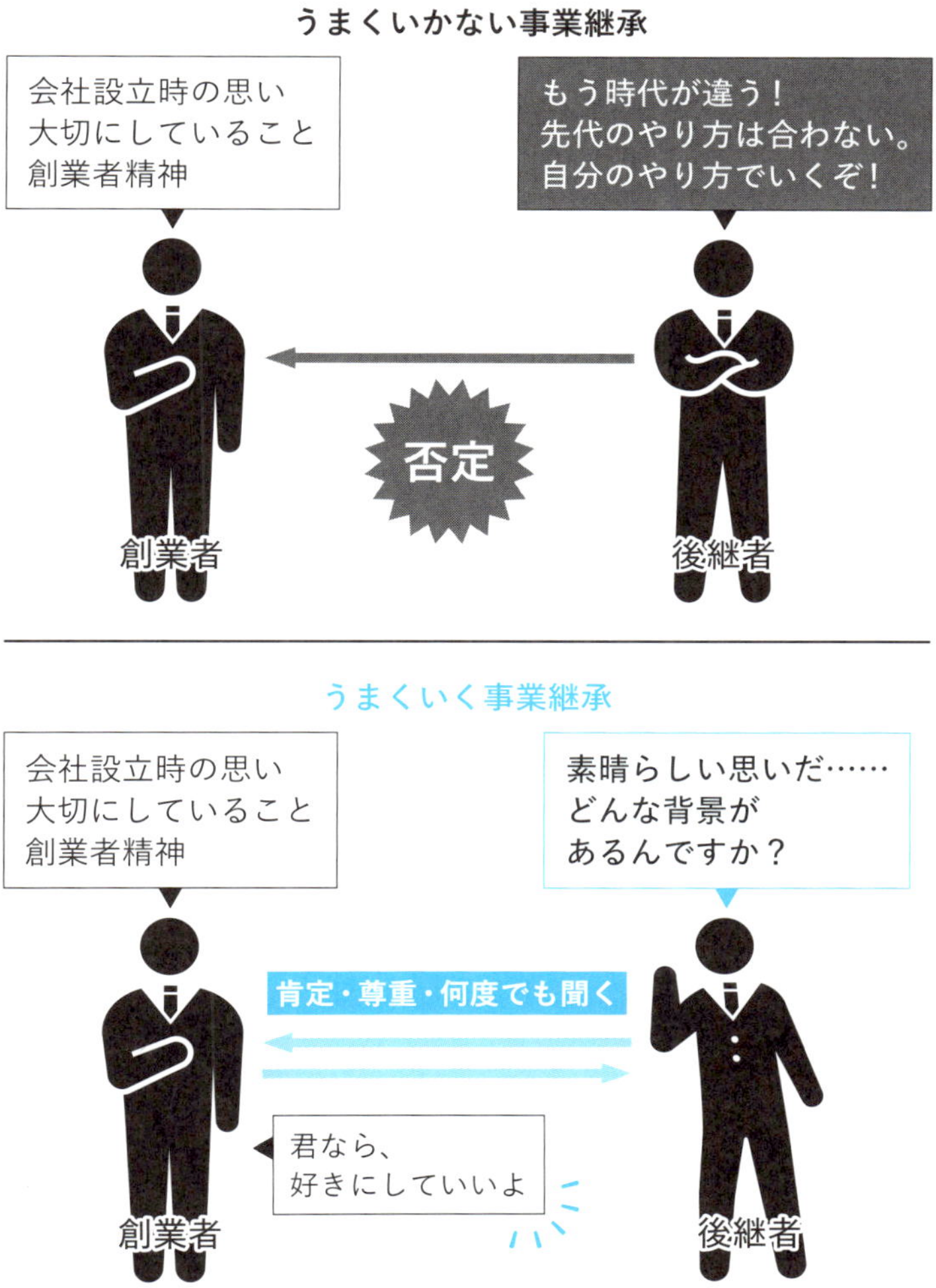
うまくいかない事業継承
会社設立時の思い
大切にしていること
創業者精神
もう時代が違う！
先代のやり方は合わない。
自分のやり方でいくぞ！
否定
創業者
後継者
うまくいく事業継承
会社設立時の思い
大切にしていること
創業者精神
素晴らしい思いだ……
どんな背景が
あるんですか？
肯定・尊重・何度でも聞く
君なら、
好きにしていいよ
創業者
後継者

言ってみれば、創業者の経典です。

そして、経営方針発表会を年に一度おこなって、会長には「またその話か」という話を毎年のようにしてもらう。

そうすると、いい意味で会長はすっきりしていくのです。なぜなら、自分が伝えたいことを、伝える機会ができ、言ってみれば、想いが現世成仏するのです。そして、社員もやがて、「そうか、自分たちの会社はそういうことを大事にしてきたのか」ということがわかってくる。

そんなふうに創業の精神を吐き出してもらえば、会長は少しずつ権限移譲していきます。我々コンサルティング会社としても、会社には続いていってほしいのです。そうすると、会長から社長にいかにうまくバトンタッチするかは、極めて大事になります。だから、会長に気持ちよく、少しずつ退いてもらうことが求められてくるのです。

それを、具体的な方法論で伝えられるかどうか。これは、1つのテクニックですが、こういうところが極めて船井総合研究所らしいと思っています。創業の精神を大事にして、長く続いてほしいからこそ、です。それは、我々がいつも頭に入れている、我々の創業の精神でもあります。

本当のハイブリッドはかんたんな世界ではない

ここまで、社内、社外のアナログな施策をお伝えしてきました。昔ながらのやり方を、時代に合わせてデジタルの良さも取り入れていきながらおこなっているものです。

「相反するものを組み合わせる」ときに、ハイブリッドという言葉がよく使われます。船井総合研究所のセミナーも、リアルで開催するのと同時にオンラインでも配信するものがあります。その状態をハイブリッドと思いがちですが、それは我々が2つの方式でセミナーを開催しているというだけの話です。

そして、そうした状況下では、開催者はどうしても目の前に来ているリアル参加者に影響されます。すると、オンラインの参加者が置いてけぼりになってしまうのです。オンライン参加者だけの環境であればいいですが、リアルの参加者と主催者が何かやりとりをしているところが見えたりすると、急激にセミナーに対する熱が冷めてしまったりします。

満足度も急降下するのです。これはハイブリッドなどではなく、単なるオンラインとオフラインが水と油で分かれている状態だということです。

ハイブリッドとは、たとえば先述したような「時間をかけておこなうべきことがあるときは訪問し、短い時間でいいのですぐに話し合いたいことはオンライン」というコンサルティングや、「オンラインで選考し、最終判断はリアルでおこない、内定承諾後の細かいフォローはオンライン、大きなイベントはリアルで」という採用の形を指します。

これまでオンラインだけ、オフラインだけで判断されていたものが、足し算や掛け算で最もいいサービスを受けられる状況を作っていく必要がある。これこそが、1つのハイブリッドです。

そして、最も心地よいものは、お客さまによっても違います。船井総合研究所なら、お客さまは全国にいらっしゃいます。遠距離のお客さまはリモート比率が少し上がったり、というようなお客さまごとの最適なバランスが使い分けられないといけません。これもまたハイブリッドです。

また、適切な割合を知るためには、どのようなコミュニケーションを取っているかが記録されていないと判断ができません。そういうものをこそ、デジタルで測っていくのです。

「デジタルとアナログのハイブリッド」の正しい姿

ハイブリッドのまちがっている例
ライブのセミナーをオンラインで配信するのは
ハイブリッドではない
正しいハイブリッドの形
リアルで面接し、その後のフォローをオンラインでおこなう
現場
緊急!
議題が多い、現場を見るなどの
場合は現地訪問
議題が限られている、
緊急などの場合はオンライン

「うまくいっているデジタル化／ＤＸ」は、そのツールが機能しているから、がその理由のように思われます。しかし、それは表面的なところ、見えている部分だけであるというのが、私たち船井総合研究所が強く感じているところです。

デジタルツールが機能するためには、見えないところでアナログな働きかけ、実行・定着のためのアクションが欠かせません。たとえば、デジタルが機能するためには「ツールへの情報の入力」が必須です。関わるだれかが入力を怠れば、経営に役立つデータにすることができず、できたとしてもその精度を大きく落としてしまいます。

「データを入力するように」と指示だけ出しても、人にはそれまでのやり方がありますから、それを変えるのはかんたんではありません。

「入力はできていますか？」と各人に直接に働きかける。

入力をしていることをきちんと評価する。

ほかにも、経営者自身がＤＸ推進のために行動している様子を見せることも大事です。

成果の出るDX、出ないDXの違い

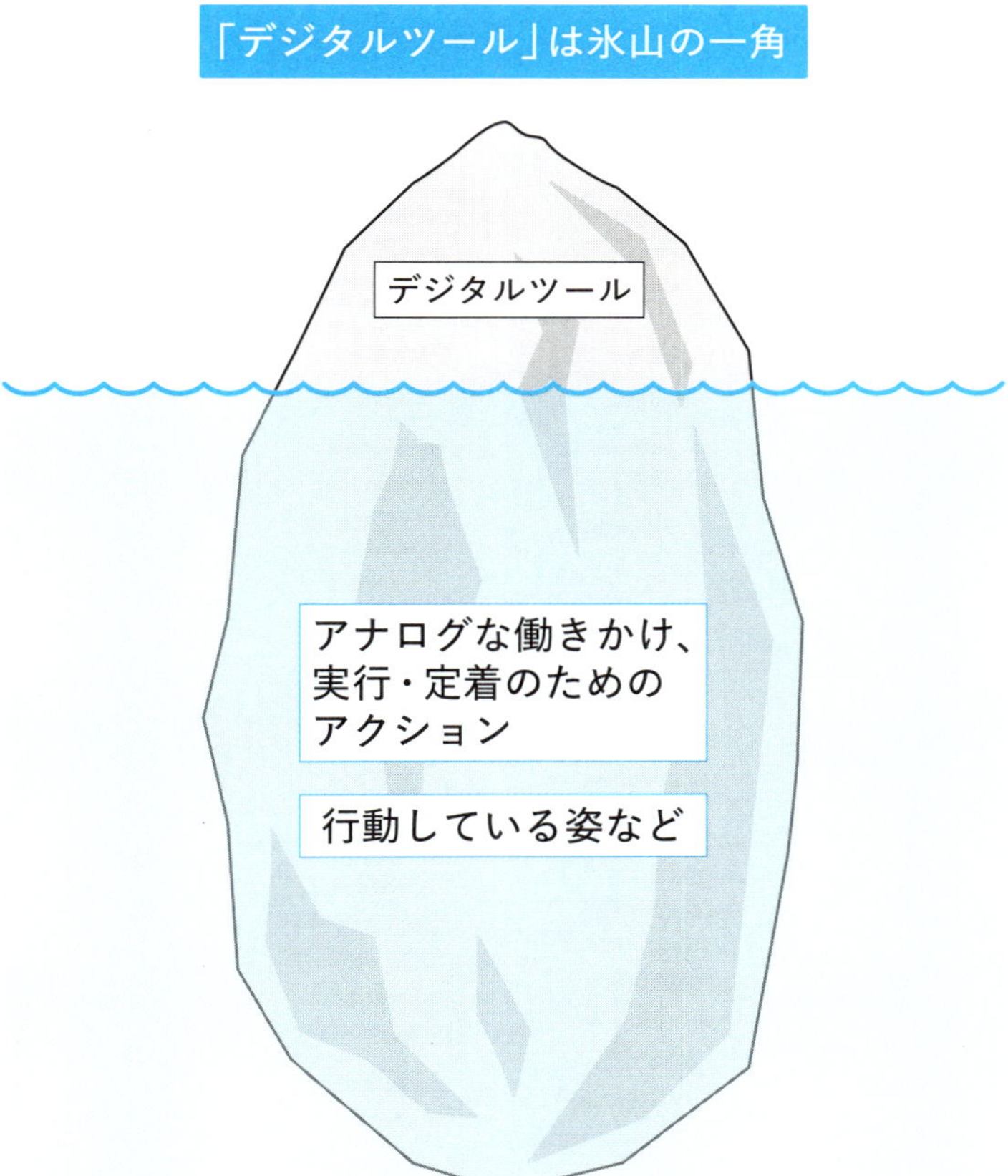

デジタルツールは見えている部分に過ぎず、
その運用や定着には、
目に見えないアナログなアクションが欠かせない。

「デジタルにしろと言っている社長自身ができていないじゃないか」

そう思われると、社員が進んでおこなうことはありません。社長が率先してＤＸを進めている様を見て、「社長もやっているから」と感じてもらうこと。

デジタルツールは氷山の一角で、いかにも人間的、アナログなアクションが、見えないところで膨大な数、おこなわれている。そのようなプロセスが欠かせないと考えています。

デジタルを、最強のアナログで補完していく

コロナ禍をきっかけに、デジタルに振り切ったからこそ見えてきたアナログの価値がありました。ただ、だからといって、アナログに大きく振ればいいのかといえば、そういうことでもありません。ただ、アナログが持っていた価値を、改めて認識する必要があると

考えているのです。

たとえば、人的資本経営が求められる今は、教育時間を測定して発表する必要がありま す。では、教育とは何なのか。じつは、「教育とは思っていなかったものが、極めて重要な 教育だった」という気づきを得たのも、デジタルに振り切ったからでした。

コロナ禍を経て感じたのは、コミュニケーション力、特にリアルのコミュニケーション 力が弱くなっていることです。おそらく打たれ弱くなった人も多くなったと思います。経 験している幅が狭くなる。そうすると、どうしても心が折れやすくなる。

まさに「人のOS」が大きく低下している状態です。

ただ、嘆いたところでどうなるわけでもありません。若い人の数も減っていきますから、 そのうえで若い人をどう育てるのかを考えないといけない。どうすれば彼ら彼女らが喜ぶ のか。どうすれば彼ら彼女らのモチベーションは上がるのかを探っていく必要があります。

ここでも、アナログ施策は極めて有効になります。たとえば、先にも触れている経営ト ップと新卒社員とのグループランチ。じつは、ホールディングスでも船井総合研究所でも、 経営トップ自身が、若い世代とのコミュニケーションを強く望んでいます。しかも、でき るだけ多くの社員と話をしたいと語っている。かなりの数のグループランチをすることで、若い人たちの考えが見えてきて、経営トップが自分の仮説をチューニングしていくことができるからです。それは、採用面接にも生きてきます。

今は、どちらかというと人の取り合いという側面があります。「当然できる、わかっている人だけを採る」のでは、もはや必要な人員を満たせません。早い段階から上げ膳据え膳で、噛んで含ませるようにして理解してもらうという努力をしていかなければなりません。

当社が考える人的資本経営の観点からも、「こんなこと」と思われるようなことをしっかり教えることが重要であると考えています。

今の時代に求められる「人が足りない時代に人を活かす経営」のために必要と考えることを、次の章でお伝えします。

第5章

社員100人からの人的資本経営

~中小企業→中堅企業→株式公開企業レベルで何をすべきか

ここまで、船井総研グループの経験したことと、おこなってきた「デジタルと組み合わせる新しいアナログ施策」についてお伝えしてきました。

この章では、少し目線を高くし、これまでご紹介してきた私たちのカルチャー変革の取り組みに、今、注目が集まる人的資本経営の観点を交え、実際の経営に役立てるためのロードマップとしてお示しします。

船井総研グループが、東証プライムに上場している中堅・中小企業向け経営コンサルティング会社として、2022年から試行錯誤しながら人的資本経営に取り組んできた経験と、一方で中堅・中小企業向け経営コンサルティング会社として、日々会社のステージごとに「今、実行すべきこと」について経営者のみなさまにお伝えしている内容を整理し、どの規模の会社でも使えるよう体系化しています。

人的資本経営は中堅・中小企業も必須事項に

まずは、人的資本経営に関する基本的なことについて触れておきます。

2020年9月、一橋大学経営管理研究科経営管理専攻 名誉教授である伊藤邦雄氏が座長を務める研究会が公表した「人材版伊藤レポート」を契機に、日本ではプライム上場企業を中心に人的資本経営への対応が急激に進みました。中小企業庁によると、人的資本経営の定義は次のようになっています。

「人材を〝資本〟として捉え、その価値を最大限に引き出すことで、中長期的な企業価値向上につなげる経営のあり方」

つまり、人を「人的資源」ではなく「人的資本」と考えていこうと大きくシフトしたのです。それに伴い、「人にかける費用はコスト」という考えから、「人にかける費用や時間は生産性や企業価値を向上させるための投資」に変わったのが大きな注目点です。

日本企業の多くは、「わが社は人を大切にする経営をしている」と考えていると思います。では「人的資本経営をおこなう」と「人を大切にする経営」はどう違うのか、具体的には何をしたらいいのか?

伊藤レポートから、するべき重要な3点が浮かび上がります。

①事業戦略と人材戦略を一致させる
②ステークホルダーに対し、人的資本データを測定→公開→目標を開示する
③自社らしい人的資本投資が経営理念を実現し、持続的成長をもたらすことをストーリーで示す

たとえば②は、これまで「人の情報」といえば社員数くらいでしたが、現在、上場企業には「女性管理職比率」「男女間賃金格差」「男性育休取得比率」の3点の開示義務があります。会社が「人を大切にしている経営をしている」とステークホルダーに伝える際、人

にどれだけ投資し、それにより社員1人1人が活躍し、組織力が高まり、結果として企業も持続的に成長することを、さまざまな情報を開示しながら証明していく時代になったのです。さらに言えば、

「うちは上場していないし、開示義務はないから公開しない」
「いちいち人的資本情報を測定するのも大変だし、競合他社と比較されたくない」

と非公開でいると、たとえば求職者からは「この会社は人に関する情報を隠している」と懐疑的な見方をされるようになってしまうということです。

人的資本経営に取り組まないことでリスクが生じるのが、おもにステークホルダーに対してです。会社のステージが上がるごとに、関わるステークホルダーは次の数字の順で増えていきます。

①顧客
②求職者

③金融機関（融資の判断材料）
④取引先
⑤地域・社会
⑥従業員の家族
⑦投資家

ステークホルダーの数が増えるに伴い、整備すべきことも多くなっていくのです。

伊藤レポートは、すべての企業が目指すべき「あるべき姿」が提示されているのですが、あくまでも大企業向けで、中堅・中小企業経営者がすぐに実行しようとすると実態に即さない部分もあります。ここからは、中堅・中小企業のための、「人的資本経営初級編」とでも言うべきものを提示していきます。

人的資本経営に必要な3つの要素

人的資本経営に必要な要素は3つあります。

①ストラテジー
②ヒューマンキャピタル
③DNA・カルチャー

この3要素は、企業のステージによってその重要度が大きく変わってきます。

「はじめに」でも紹介した図の3つの三角形それぞれの真ん中に「人財戦略」とあります。この人財戦略を実践する際、多様な人材が活躍できる「個人」の要素と、チームを活性化させて生産性を向上させる「組織」の要素に分かれます。それらを機能させるうえで、D

NA・カルチャーが必要となります。
DNA・カルチャーを構成するのは、その個人と組織それぞれの基盤となるOSです。

・個人＝社会人OS（ビジネスパーソンとしての土台）
・組織＝組織人OS（一緒に働く仲間に対して持つべき考えやあるべき姿）

社会人として、組織人としてしっかりしていなければ、いくらその上にスキルアップ研修や教育プログラムなどの投資をしても、瞬間的な成果は出せたとしても、持続的な成果にはつながりません。当社の創業者が「人づくり」とこだわっていた部分でもあります。そして、会社のステージアップに伴い、人のOSも高めていく必要があります。

その前提を踏まえて、企業規模を次の3つで考えます。

①中小企業レベル（社員数目安30人）
②中堅企業レベル（社員数目安100～300人）
③株式公開企業レベル（社員数目安3000人）

中堅・中小企業の人的資本経営へのステップ

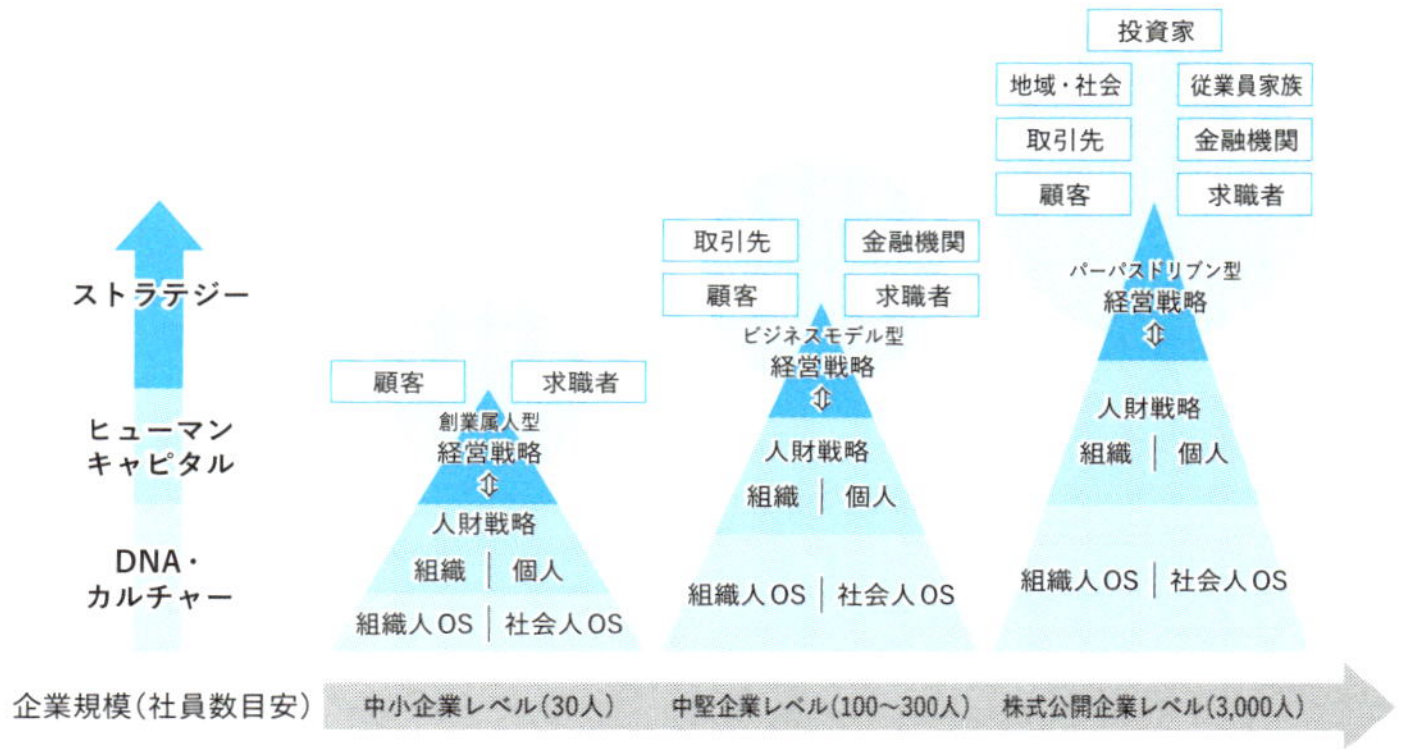

ストラテジー		経営戦略と人財戦略の連動		
ヒューマンキャピタル	個人	――	イネーブルメント、個人成果、適性アセスメント	タレントマネジメント、コンピテンシー分析
	組織	採用数、離職率、採用投資額、平均年収、労災事故、労基指摘事項	労働生産性、教育研修費、残業時間、年間休日数、有給取得率	オフィス環境投資、女性管理職比率、男女間格差、男性育休取得
DNA・カルチャー		OS1.0(自立)	OS2.0(自律)	OS3.0(自浄)

中小企業は「社長で99・9％決まる」

まず①中小企業レベルは、創業者が社長もしくは会長としてトップダウンの経営をしていることが多いです。この規模の企業は、優れたビジネスモデルとトップの実行力が業績アップの重要なカギです。私たちのさまざまな業界向けの業績アップ提案型のセミナーに1人で参加し、会社に戻ってその内容を実践して成果につなげているのは、ほとんどこのステージの社長です。

社長自身がトップ営業マンで、社長のつながりで多くの仕事を取ってきて稼ぎます。それと同時に、自分と同じやり方でメンバーに稼いでもらい、定量評価が中心で、実績重視で役職をつけていく人事が一般的です。

採用については、「人が足りないところに都度補充」から、採用専任者を置き、キャリア採用中心から新卒採用へチャレンジする段階です。トップが大切にしている価値観を直接話すことが、育成そのものになります。

●経営戦略∨人材戦略

この規模の企業を人的資本経営の観点で評するならば、「経営戦略∨人材戦略」となります。トップが立てる経営戦略が非常に重要で、その内容も「創業者の生き方に基づいたもの」とでも言うべき、きわめて属人的なものです。

人材に関しては「社長が好きな人が入ってくる」ので、人材戦略の重要性はそれほど高くない場合が一般的です。

ガバナンス面では、とにかく「法律を順守し、最低限の社内ルールを守らせる」ことが必要です。

●人的資本情報で大事な3つの指標

人的資本情報の開示項目については、2021年に商工中金と船井総合研究所で開発し、2024年4月現在で1500件以上提供している「ESG診断」の人に関する項目である次の3つの指標を測定し、公開することが大切だと考えています。

①従業員1人あたりの月平均的残業時間は20時間以内
②年次有給休暇の取得は50％以上
③5年以上、労働基準監督よりの指摘、労災事故がない

このほかに、採用数、離職率、採用投資額、平均年収なども開示できれば完璧です。この規模の企業では、外部のステークホルダーは「顧客」と「求職者」が主なので、それらに対し公開できることがあれば十分と言えます。

中堅企業のステージで考えるべき「ヒューマンキャピタル」

社員が100人を超え、300人前後になっている企業は、創業者が一代でこの規模に

成長させたというケースは少なく、2代目、3代目に代替わりしていることが多いです。トップの多くはサラリーマンから社長になっており、会社の求心力としてはカリスマ創業者に頼らない別のものが必要になります。

人の育成も、社長が直接注意できる範囲を超えますから、法令順守はもちろん、社内ルールのアップデートが必要になります。

業種・業態にもよりますが、社員が100人を超えたあたりから「組織の形」をしっかり整える必要性が生じ、昨今の企業経営においては人的資本経営の観点も盛り込むべきものになります。

このクラスの人事では、自分やその部下だけで稼ぐのではなく、「稼ぐ人をマネジメントできる人」を評価し、役職をつけることが必要です。同時に、「成果さえ出せば何をしてもいい」「専門性を持って自分の仕事さえしていればいい」ステージも卒業しなければなりません。中小企業ならば、社員が自分の成績を上げること、自分の仕事だけをすることが会社全体のプラスに働きましたが、自分だけの仕事が評価される段階は終えたと言えます。

私たちは、スペシャリストとプロフェッショナルの違いについて、「For You」の精神で仕事をするか否かと説明しています。「あなたのため」を考え、行動できる人が評価される、ということです。企業の成長に伴い評価される人も変わってくるのです。

●事業戦略と同じくらいに、人財戦略が重要性を持つように

人財戦略の重要性が増した段階で考えるべきは「個人、組織の両面に目を向けること」です。

ヒューマンキャピタルとは、個人・組織の両方を指します。中小企業で気をつけるべきは採用数、離職率、採用投資額など「組織の人財戦略」のみで十分でしたが、このステージではピープルイネーブルメント（成果を上げる実効性向上を目的とした人財開発の手法）を個人に対しておこなうことが求められます。具体的には、個人成果の追求、適性アセスメント（能力や性格の適性に関する定量的評価）などです。

「人財開発部」など採用・育成を担う専任部署を設置するタイミングであり、単なる結果主義ではなく、新卒を1人前にする仕組み化と研修プログラムが必須となります。

人的資本経営の観点では、「ビジネスモデル型経営戦略＝人財戦略」すなわち創業者の属人的なビジネスの語りから、ビジネスモデルに基づいた経営戦略が出来上がると同時に、この規模から事業戦略と同じくらいに人財戦略が重要性を持つのです。

●「与信審査をクリアできる情報の開示」が求められる

人的資本情報の開示項目も、中小企業では基本的なものを押さえておけばよかったのが、中堅企業においては次のようなものに変化します。

- 労働生産性
- 教育研修費
- 残業時間
- 年間休日数
- 有給取得率

この規模では、ステークホルダーも「取引先」「金融機関」などが増えてきます。より大きな企業との取引も発生し、それまでは「社長のことはよく知っているから」でできていた取引が、会社としての与信を問われるようになります。「大企業の与信審査をクリアできるために必要な情報の開示」が求められるのです。

株式公開企業レベルになると「人財戦略∨事業戦略」

社員数3000人、株式公開企業レベルになると、従業員数も多くなり、バックオフィスをはじめプロフェッショナル人財も増え、多様な価値観を持つ方が増えてきます。従業員1人1人が「なぜこの会社で働くのか?」の意味を強く求めます。「私たちの存在意義や志」であるパーパスを含めた理念体系とつながる事業戦略、それを実現するための人財戦略の両輪が必要です。

採用に関しても、プロフェッショナル人財採用と新卒採用の両輪を回していくことが求められます。

この規模になるともはや「事業戦略∧人財戦略」となり、事業以上に人財に対する戦略が重要性を増します。具体的には、個人に対してであれば、次のようなことをおこないます。

・コンピテンシー分析（活躍人財の能力や行動特性を把握し、採用やキャリアに応用すること）
・タレントマネジメント（個人の能力やスキル、経験を管理して最適配置や人財開発に活用する手法）

●より広いステークホルダーに対して存在感が大きくなってくる

組織に対しては、人的資本情報の開示が義務づけられている3項目（女性管理職比率、男女間賃金格差、男性育休取得率）のほかに、働く人を引き付けるオフィス環境への投資などが必要です。

このクラスになると、ステークホルダーも「地域・社会」や「従業員の家族」「投資家」が含まれます。「雇用の創出などで地域に対する存在感が大きくなっているので、「その場所での見え方」も大事なほか、従業員の家族に対しても「家族の働いている会社はいいところ」と感じてもらうアクションが必要になります。

船井総研グループは、社員が家族をオフィスに招待するイベント「Family Day」のほかに、年収以外に従業員家族の資産を増やす施策「持株会の充実」に力を入れていますが、それは自分たちの会社の企業価値を自分たちで上げていくだけでなく、その結果を自身や家族の資産形成にも活かしてもらいたいという思いからです。持株会の奨励金が25％と、上場企業約４０００社の中でトップ２％レベルに設定しています。

●個人に閉じない観点が求められる

このクラスでは、評価される人についても変化します。

- 自分の所属する組織だけではなく、組織を超えて顧客に貢献し、新たな成果を出せる人
- 躾・マナーなどあたりまえのことをレベル高く実行できると同時に、それをメンバーにも注意でき、組織全体のガバナンスを強化していける人
- タテ、ヨコに加え、ナナメのコミュニケーションを積極的に作っていける人
- 考え方、価値観の違う人を受容できる、ダイバーシティを理解できる人

OSごとに「個人と組織の比率」は変わる

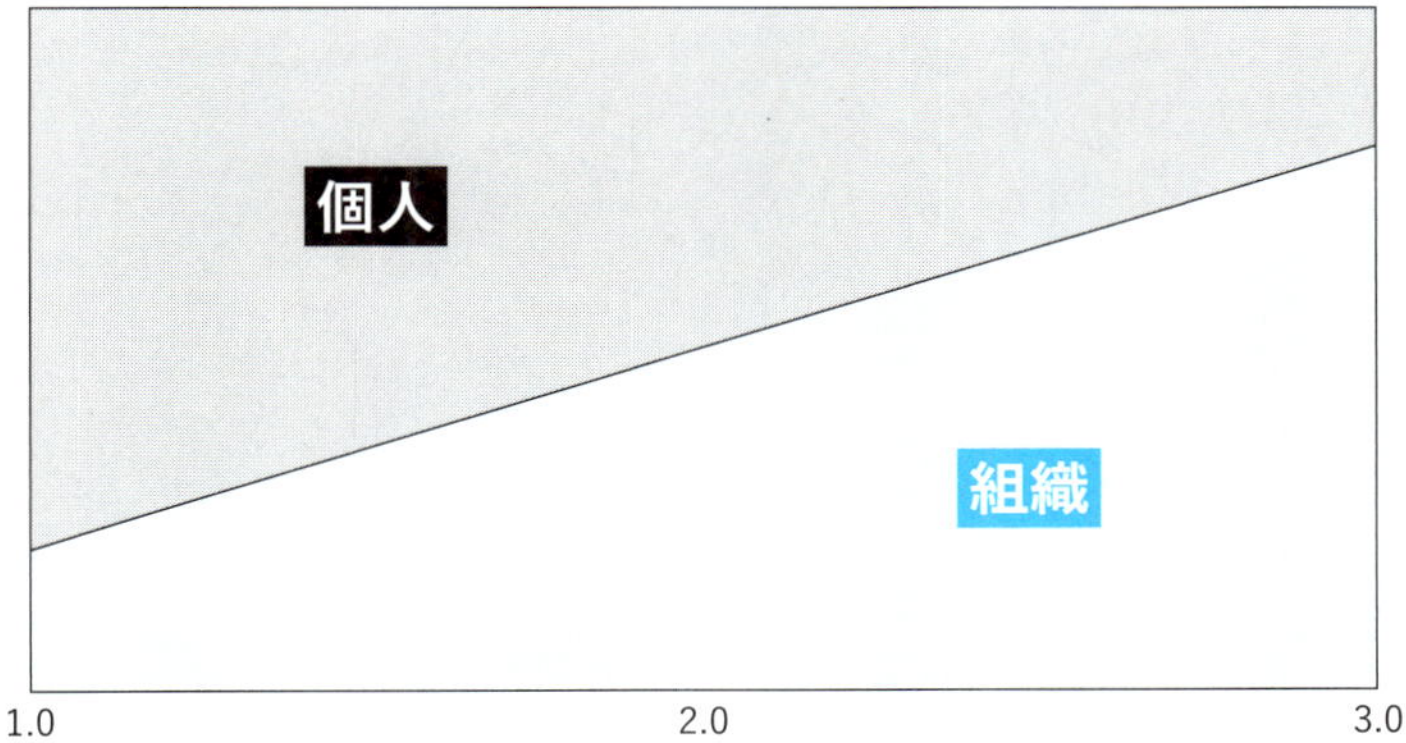

OSが下であるほど個人の裁量が大きく、また上であるほど個人に依る部分が小さくなり、また組織のルールに則った思考・行動が求められるようになる。

このステージになると、「組織として問題を起こさない形を作る、ガバナンスを効かせられる」ことが求められます。個人に頼るのではなく、ガバナンスを強化することによって、不正行為や情報漏えいなどの企業リスクが減るほか、労働環境の改善、社員の定着率向上などにつながり、結果、企業価値向上、業績向上に結びついていきます。問題が起こらない形を作り上げるための組織のルールを整備するのです。

効果の出やすいオフィスレイアウトも変化します。

日本企業のほとんどが、島型対向式レイアウトオフィスです。これは、チームごとにデスクを対向式に配置、メンバー同士向かい合うスタイルで座り、島の端はチームリーダーが座るレイアウトです。決まったチームメンバー以外のコミュニケーションをデザインするためには、席が決まっているよりもフリーアドレス型レイアウトをおすすめします。

評価に360度評価が必須になるのもこのステージです。仕事ができるだけでなく、「まわりからの評判がいい」ことが求められるようになります。カルチャー面では、「大切なことは上から実践するカルチャー」を根づかせる必要性が高まります。

OSのアップデートは「あたりまえ」の実践・継続

先述した「DNA・カルチャー」についてくわしくお伝えします。これは、企業がどのステージにいても土台となる、非常に重要なものです。

大手企業を対象とした人的資本経営では、リスキリングすなわち「学ぶ」ことの重要性が説かれています。マネジメントスキルやマーケティングスキルなど、学べば身につくスキルに関して語られているケースが圧倒的に多く、人的資本経営=リスキリングと思っている人もいます。しかし、現在多くの中堅・中小企業で大きな課題になっているのはそれ以前の部分、小学生に伝えるような「基本のき」です。

- 挨拶をする
- 自分の名前をちゃんと名乗る
- 約束した時間を守る
- 自分で出したゴミは捨てて帰る
- 悪いと思ったら素直に謝る
- 居所を明確にしている
- お客様や社内から自分宛てにメールが来たら返信する

「そんなこと」と思った方に質問です。「うちの会社ではみんなできている!」と自信を持って言える方はどれくらいいるでしょう。

パソコンやスマートフォンで基盤の部分を「OS」といいますが、本書では、社会人として、組織人として身につけるべき「基本のき」を「人のOS」と表現しています。OSがしっかりしている会社は、例外なく強いです。社員数の増加に伴い、基盤となる「OS」のレベルをアップデートし続けなければ、いくら素晴らしいストラテジーがあり、優秀な人材が揃っていても、会社は業績が上がらなくなります。そして今、そのOSが崩れかけている中堅・中小企業が急激に増加しています。

コロナ禍によるリモートで、従業員のOSのレベルは大きく低下しました。人手不足で過熱する人材獲得競争の中、人数合わせのために採用基準を大きく落とした妥協採用の結果、入社する人のOSのレベルが落ちている会社も多いようです。これは、当社がコンサルティングをおこなっている多くの企業からも寄せられている感想です。人のOSのレベルを、企業が高めなければならないと感じています。

船井総研グループは、「守破離」の考えで、そのステージを定義しました。

- 【OS1・0】自立型社員＝守「一緒に仕事をする相手を不快・不安にさせない」
- 【OS2・0】自律型社員＝破「自分に厳しく」

OSのバージョンとあるべき姿、身につけるべきこと

	OS1.0	OS2.0	OS3.0
	中小企業レベル	中堅企業レベル	株式公開企業レベル
	守：自立／コンプライアンス	破：自立／ディシプリン	離：自浄／ガバナンス
挨拶	形式的な挨拶	先手で挨拶 ※体育会系	TPOに合わせた挨拶 出迎え・見送り
4S	整理	整頓、清掃	清潔、バリューアップ ※清潔以上の価値
日報	業務日報を書く	自己開示型日報	ナレッジシェア日報を書く 人の役に立つ
金銭管理	金銭不正をしない	借金をしない	節約癖に基づく金銭管理 ※自己投資、貯金
時間を守る	無断遅刻・無断欠勤しない	無遅刻、約束100％履行、締切り前相談	5分前行動、50分ルール ※会社独自の目線の高いルール
体調管理	不摂生による体調悪化で業務に支障をきたさない	規則正しい生活で業務に集中できる体調管理ができている	どのような状況でも常に体調管理・メンタルコントロールができている
名乗り	受け身の名乗り	先手の名乗り 名札、デジタル署名 デジタル上でも顔と名前が一致	顔と名前とキャラクターの一致 相手に安心と親近感を与えられる
対人関係	素直な謝罪	素直な感謝	相手に自己重要感を与えられる
スケジュール管理	居所が明確	先手のスケジュール管理	相互にスケジュールシェア
呼び方 言葉遣い	君づけ・呼び捨てで呼ばない 不快にさせない言葉遣いができる	役職・肩書で呼ぶ 敬語が使える	役職・立場関係なく、さんづけで呼ぶ 適切な言葉遣いができる
身だしなみ	最低限のビジネス 身だしなみ	その企業・職種プロらしい 身だしなみ	企業ブランドに合うその人らしい身だしなみ
ガバナンス	法律違反・コンプライアンス違反しない	規律遵守・社内ルールを徹底できる	社会的責任・他人の規範となる

↓ 不快・不安にさせない　↓ 自分に厳しく　↓ 自他に厳しく

・【OS3・0】自浄型社員＝離「自他に厳しく」

●【OS1・0】自立型社員＝守「一緒に仕事をする相手を不快・不安にさせない」

中小企業では、一緒に仕事をする相手を不快・不安にさせない、すなわち「マイナスをなくす」ことから入ります。「身につけるべき」というよりも、「社会人なら必ず正すべき」ことと言えます。

この段階では、トップが中心となり、組織というよりもトップと数人の幹部が業績面も社員教育面も直接レベルを上げていくことが多いです。

●【OS2・0】自律型社員＝破「自分に厳しく」

全体のことを考え、会社のルール・行動規律を順守し、「配属された部署の専門的な知識を身につける」といったことができる段階です。

私たちは、専門性の上に、「For You」の精神で相手が本当にしてほしいことを考え、実行し、役立とうとする人たちを「自律型社員」と呼んでいます。守破離の「破」に相当します。

社員のOSを表すわかりやすい例に「日報」があります。業務について書くのが一般的ですが、OSが上がるごとに「社員による発信」が増えます。ただ業務にのみ触れるのではなく、「自己開示」やさらにその上になると「ナレッジシェア」業務を通じて得られる知識などを共有し、「役に立つものを提供しよう」という意識に変わっていくのです。

OS1・0はどの会社にも当てはまることがほとんどですが、OS2・0に関してはその会社の経営者、2代目以降であれば創業者がよく話していた「口ぐせ」も入ってきます。それを盛り込むことで、ベテランにも新卒社員にも共感され、実行度を上げるポイントとなります。

●【OS3・0】自浄型社員＝離「自他に厳しく」

OS1・0、OS2・0においては自分を高める要素が中心になっていましたが、株式公開を目指すステージになると、投資家をはじめステークホルダーが一気に多くなります。

社員数も1000人以上となり、トップが言葉で伝えるだけでは組織は思うように動きません。管理職のマイクロマネジメントに頼っていては限界も出てくるステージです。

企業のあるべき姿を現場の最前線で実行できているかどうか、内部統制・懲罰委員会を中心に内部統制に基づく行動規律を明確に示し、組織のガバナンスを高める段階です。お客さまをはじめ、さまざまなステークホルダーに指摘される前に、自分たちで指摘し合い、自浄させていく組織が求められます。

やるべきことをきちんと実行できているかどうかを測定し、社員が集まる場で結果を部署別に公開し、全体的にレベルアップさせていくことが重要です。正直、うるさく言い続けないと、あたりまえのことをレベル高く実践することは、ついつい後回しになるものです。特にこのステージでは、次のことが大切です。

- 「大切なことは上からやるカルチャー」を根づかせる
- 全社を挙げて「やる」と決めたことはやり切る、やり続ける

みんなにわかるように測定し、組織別に数値を公開しながら「全員100%実施」にこだわることが求められます。

OSのレベルの高い人ほど、「自分のあたりまえ」の基準が高いものです。たとえば、中

堅企業から株式公開企業レベルを目指す際、バックオフィスを含めて優秀なプロフェッショナルの採用を強化することになりますが、OSレベルの高い企業で働いていた人がこれまでよりもOSのレベルが一段低い人と働くと、しばらくは我慢するのですが、半年経ち、1年経てば、黙って理由なくその企業を離れてしまいます。

仕事レベルが多少低くても我慢できますが、OSレベルの低さは我慢できないのです。成長のためには、企業のステージごとに異なるOSの条件を満たしていく必要があります。

以降では、OSごとの具体的なアクションの違いを解説していきます。

「挨拶」の3つのレベル

●【挨拶1・0】形式的な挨拶

最低限、次の5つの挨拶をクセづけするところからスタートするといいでしょう。

「おはようございます」
「こんにちは」
「おつかれさまです」
「いらっしゃいませ」※お客さまがいらっしゃった場合
「お先に失礼します」

●【挨拶2・0】先手の挨拶

先手の挨拶ができる人は、主体的に行動できる人と考えています。やらされて挨拶するのではなく、相手の立場になり、先手で挨拶したほうが喜ばれるFor Youの精神で意識的におこなっていると考えているからです。

意識は行動によっても変わります。先手の挨拶をクセづけすることで、意識も変わっていくことが期待できます。

●【挨拶3・0】TPOに合わせた挨拶

「離」のステージは、決まった形を超えた、独自のより効果が高いものを目指します。

今は同じ会社の社員でも、いろいろな働き方をしています。たとえば、パソコンに向かってお客さまとリモート会議をしている社員もいれば、集中して資料作成している社員もいます。朝の「おはようございます」は明るく元気で大きな声で挨拶するけれど、就業時間内は相手の状況に合わせてアイコンタクトで挨拶するのがベストな場合もあります。まさに「相手のことを考えた行動」です。

まずは基本の挨拶ができるようになってからですが、TPO（時、場所、場面）、さらに相手との関係性によって挨拶の言葉、声のトーンを変えていくことを目指すのが大切です。

「4S」の3つのレベル

整理・整頓・清掃の3S、それに清潔が入る4Sは、耳にされたことがあるでしょう。もちろんすべて大切なのですが、あえてゼロから優先順位づけをした場合、次のように設定しています。

●【4S1・0】整理

整理・整頓といいますが、整理は捨てることです。たとえば、自分の部屋のように、自分の荷物を置きっぱなし、出したゴミもそのままに帰るようではいけません。

●【4S2・0】整頓・清掃

整頓は、使ったら決まった場所に戻すこと。清掃はきれいに掃除することです。

●【4S3・0】清潔、バリューアップ

清潔は、整理・整頓・清掃されたきれいな状態を維持すること。その次の段階を、私たちは「オフィス・バリューアップ」と設定しています。

5Sとは先の4Sを習慣づけることと言われていますが、我々はパーパスとして「サステナグロース」を掲げていることもあり、良い状態を維持し、習慣づけるさらに上を目指していきたい想いを込めて「バリューアップ」としています。

バリューアップを実現するにあたり、常に自社の現場社員の声を収集し、タイムリーに改善していくことはもちろん、他社の素晴らしい取り組みから学び、バリューアップさせていく仕組みを作ることを目指しています。

「金銭管理」の3つのレベル

●【金銭管理1・0】金銭不正をしない

社員が会社の金銭を不正に利用しないことはもちろん、会社側もさせない仕組みにすることです。対象としては、交通費、接待交際費、物品購入などが一般的です。

●【金銭管理2・0】借金をしない

学生時代に個人的な金銭の貸し借りや身分不相応な消費をしてしまう悪いクセがついている場合は、徹底的に正さないと、同僚や後輩との間でお金の貸し借りをしたりします。

●【金銭管理3・0】節約癖に基づく金銭管理

船井総研グループのファウンダーズスピリットの中に、「節約癖」があります。創業者はこのように言っていました。

「経営者とサラリーマンの大きな違いに『節約癖』があるかどうかがあります。業績の良い会社の経営者ほど、節約癖のある会社の人に仕事を依頼します。また船井総合研究所では、重要な仕事は節約癖のある人に任せます」

貯金と自己投資に関しても伝えなければなりません。まずは、無理をしないこと。「収入－マストでかかるお金－貯金＝使ってもいいお金」を把握すること。持株会や財形貯蓄などを天引きで、自動化することをすすめています。

そして自己投資。創業者が一番に挙げていたのが本を読むことでした。かなり以前のデータになりますが、２０１８年文化庁の「国語に関する世論調査」によると「1カ月に大体何冊くらい本を読んでいるか」というアンケートに対して、「1冊も読まない」と答えた人が全体の47・3％、「3、4冊」が8・6％、「5、6冊」と「7冊以上」がそれぞれ3・2％という結果でした。

創業者は「コンサルタントは読書家でなければ務まらない、月に20冊読みなさい」と言っていました。このアンケート結果を見ると、月に7冊以上読むと、量においてはトップ3％ということになります。

「名乗り」の3つのレベル

コミュニケーションのベースは、なんといっても「顔と名前の一致」です。リアルはもちろんですが、デジタル上での顔と名前の一致が大切です。

●【名乗り1・0】受け身の名乗り

まず、社内にいるときは名札をつけること。社内のデジタルコミュニケーションで使用しているツールのアイコンにペットの写真や好きなアニメキャラクターなどを添付していたりする人がいますが、それはNGです。

社員数が増え、オフィスが多拠点になってくると、社内においてもはじめての接点がチャットやGmailになるケースが多くなってきます。アイコンとなる顔写真を見て、リアルで会った際にお互い気づけるようにしようと伝えています。具体的には、次の2点だけは徹底してもらうのがいいでしょう。

①デジタル上の顔と名前の一致（主要デジタルツール上の顔写真の最適化）
②リアルの顔と名前の一致（社内の社員証の名前を大きく、ストラップ着用率もＵＰ）

●【名乗り2・0】先手の名乗り

受け身の名乗りは、いわば「相手が知ろうと思えば最低限必要なことを得られる」状態です。先手の名乗りは「相手が知ろうとする前から必要な情報が伝わっている」状態を指し、さらに「ただ伝わる」のではなく「はっきり伝わる」ことが求められます。たとえば、リモート会議などでもしっかり自分の顔が映るようになっているか、そのほかにも先んじての自己開示ができているかといったことです。

創業者は、よく新卒社員に「おでこを出しなさい」と言っていました。自分の顔をはっきり相手に見えるようにする――それが、相手に認識してもらううえでも重要です。

●【名乗り3・0】顔と名前とキャラクターの一致

船井総研ホールディングスに中途入社した人には、朝礼にてしっかり自己紹介をしてもらっていますが、その際に「プロフィールシート」を作成しています。すべての欄を記入すると、その人の人となり、キャラクターがわかることはもちろん、長所発見にもつながるものとなっているのです。

たとえば、プライベートではゆかりの地、マイブームなど差し障りのない範囲での公開、これまでの経験を書く欄には得意分野や領域、保有資格、これまでの経験、そのほかには

「なぜわが社に入ったのか？」
「仕事上、相手に対してFor Youで意識していることは何か？」
「この分野で一番を目指します！」

という問いに対する答えや意気込みなどを発信してもらっています。

「対人関係」の3つのレベル

●【対人関係1・0】素直な謝罪

悪いことをしたら「ごめんなさい」と素直に謝れるようにすることがまずは重要です。できるだけ若いうちにクセづけすべきポイントです。年齢を重ねると、どんどん素直に謝れない人が多くなっていくようです。

●【対人関係2・0】素直な感謝

「やってもらって当然」とならないよう、できるだけ小さな気遣いに気がつく人になり、「ありがとう」と伝えるクセづけを目指すレベルです。

●【対人関係3・0】相手に自己重要感を与えられる

特に、リーダーが身につけるといいのが「相手に自己重要感を与えること」です。船井流人材育成のコツの1つが「長所伸展法」です。相手の長所を見つけ、褒め、伸ばすことで、それこそが最高の人材育成だとお伝えしています。長所には、その人の好きなこと、得意なこと、前向きにのめり込めることが詰まっているため、仕事にも自信が持てて、楽しくなっていくのです。

「スケジュール管理」の3つのレベル

●【スケジュール管理1・0】居所が明確

どこにいるのか、居所が常に明確で、まわりを不安にさせない第一ステップです。

●【スケジュール管理2・0】先手のスケジュール管理

特に多くの人数が動くスケジュールほど、前もって予定を組みます。忙しい人ほどより計画的に動くため、このステップを押さえる必要が出てきます。

●【スケジュール管理3・0】相手にスケジュールをシェア

守秘義務のある予定でない限りは、全員にスケジュールをデジタル上にオープンにしていくことです。デジタル化で良くなったのが、社内で複数のミーティングを組む際のスケジュール調整に要する時間がほぼなくなったことです。

社員1人1人のOSの現在地を測定し、公開し、全員でバージョンアップしていく

以上が、我々船井総研グループ自身が取り組んできたことと、日々中堅・中小企業経営

者と実践してきた人的資本経営をステージごとに整理し、体系化したものです。もちろん、これからも新たな事例とともにバージョンアップしていくことになります。

今、振り返ると、船井総合研究所は30数年前、社員数が約300人でした。その頃、創業者は毎月2回の全社会議で、社員3000人のタイミングで目指すべきOS3・0の姿を直接、繰り返し話し続けていたことを思い出します。

社員1人1人のOSの現在地を測定し、公開し、全員でバージョンアップしていく——中小企業から中堅企業へ、さらに株式公開レベル企業へのステージを上げる肝は、それに尽きると考えています。

企業カルチャーの土台となるOSは、土台ですから必ずしっかり固めてもらうべきものです。それが成し遂げられてはじめて、次のステージに進むことができます。

社員数が100人を超える、組織や人のあり方に向き合い始める必要が生じるステージで考え、おこなっていただきたいことです。

第6章

「会社のリアル」を計測し、数字で把握する

組織の状態を数字で捉える「組織SANBŌ」

人的資本経営において「組織のそのときの状態を数値で計る」ことは、対外的に公開するかどうかは次の話ですが、欠かせなくなっています。

組織の状態を知り、経営に役立たせることができるツールの1つが、船井総合研究所が提供している「組織SANBŌ」です。社員がどれだけ自社のことが好きなのか、エンゲージメント率のようなものをさまざまな角度から数値化できるデジタルプロダクトです。お客さまに販売している以外に、自社でも使っています。従業員満足度調査や従業員向けのアンケート・調査はいろいろありますが、そこから一歩踏み込み、組織開発に向けての取り組みが進められる、まさに経営参謀の役割を果たすのが組織SANBŌの大きな特色です。

船井総合研究所では、このサービスの前身となる「組織力診断」というサービスを20

16年から展開していました。社内でも使っていたほか、お客さまにも、のべ約2000件ほど使っていただいていました。この「組織力診断」では、どの項目の数値が高く、どの項目の数値が低いと離職率に影響するのか、といったサンプルが出てきました。それをもとに、組織力を上げていくことができるようになっていたのです。「組織力診断」は、アンケートフォームを使ってレポートを出していました。これをクラウドサービスとしても提供したいと考え、開発したのが、組織SANBŌです。

経営においては、離職が大きな課題になっています。今いる社員が辞めるのは、大きな痛手です。また、社員の定着率が高い組織は、社員のモチベーションが高く、生産性も上がっていくというデータもあります。となれば、定着率に大きく影響する「社員の会社に対するエンゲージメント」はとりわけ大事になります。実際、エンゲージメントが高い組織は、離職率も低く、また社員による紹介で採用がおこなわれる「リファラル採用」にもつながります。良い組織ならば、社員も自分の働いている会社や仕事が好きで、知っている人にも入ってほしいと考えるものです。そんな組織を作るためには、しっかりした組織開発が必要になります。

船井総合研究所のコンサルティングは、あらゆることを「数字」で捉えるようにしています。マーケティングに関することや、財務などのお金の話は、数字を押さえるのが容易なものです。しかし、「組織」は数字で表すのが難しいものです。もし離職率が高かったとしても、その原因は数字ではなかなか見えません。

離職理由は給料なのか、休みなのか。
どうして女性が多く辞めるのか。

理由となるものがなんとなく想像できても、定量的なデータはないことがほとんどなのです。

そのような組織に関する数値化の課題を解決できるのが、組織ＳＡＮＢŌです。組織にはそれぞれのＰＤＣＡサイクルがありますが、ＰＤＣＡを回すサポートツールとして組織ＳＡＮＢŌが使えるのです。

船井総合研究所では、年2回、社員に組織ＳＡＮＢŌのアンケートを実施しています。その結果から、組織の課題を浮き彫りにし、向き合うべき施策をはっきりさせています。

組織SANBŌで「組織の状態を数字で捉える」

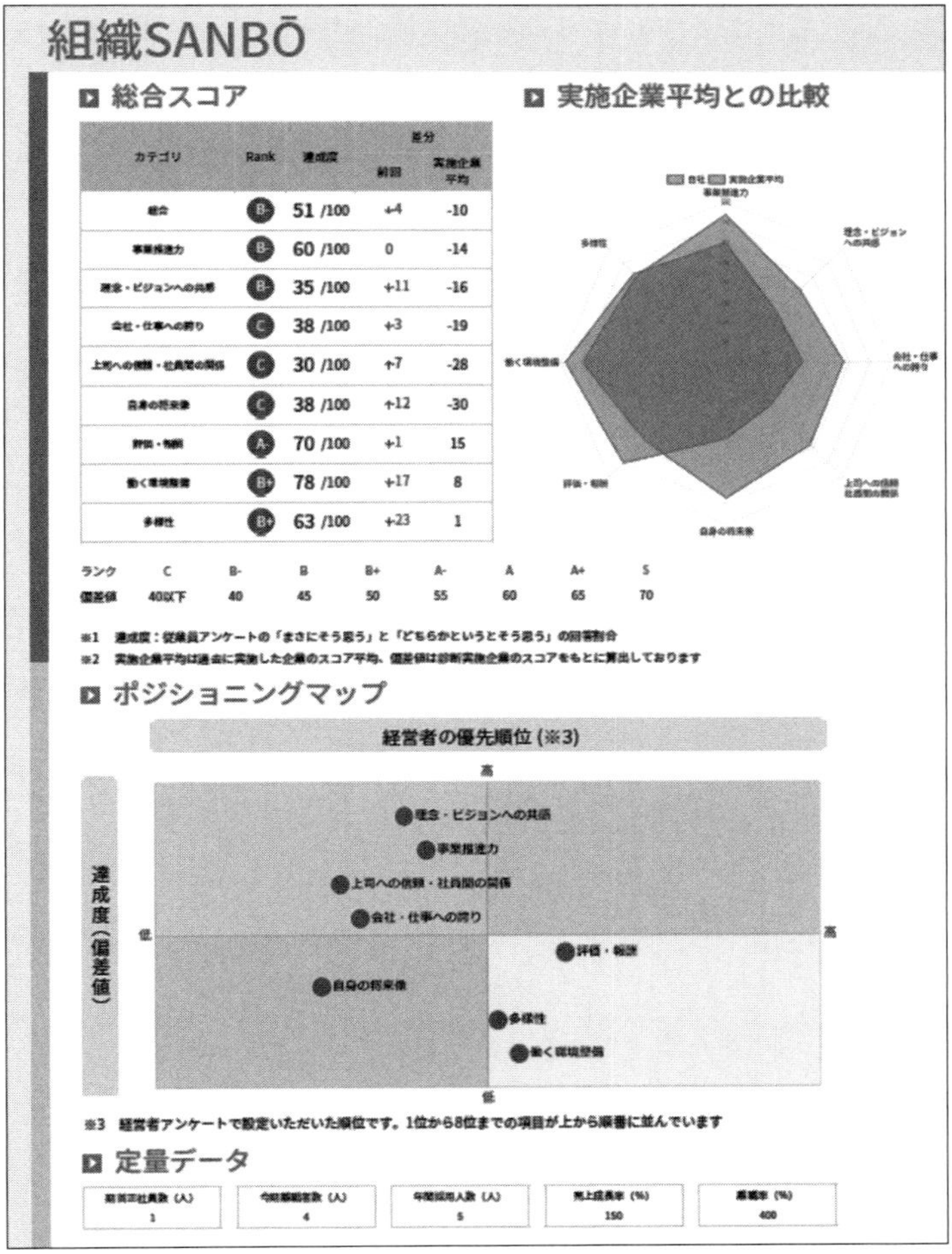

※数値はイメージ

組織に対する経営者と従業員のベクトルは合っているか？

一般的な従業員満足度調査では、従業員が今どう思っているか、どうしてほしいか、満足度や期待値を測っていきます。これは、期待値と満足度のギャップが見えてくるデータです。組織SANBŌがそれらの調査と異なるのは、そこに経営目線での「優先順位」が加えられるという点です。

報酬も高く、休みもしっかり取れて、理念・ビジョンの浸透もできていて、人間関係がものすごく良好、というパーフェクトな組織はなかなかありません。だからこそ、問われてくるのは、「経営者がどういう組織を作りたいか」です。そして、経営者が目指したい期待値に対し、従業員は今どう思っているのか。そこをしっかりと捉えていきたいというのが、組織SANBŌの思想です。

経営者としてどういう組織にしたいか、どんな組織の強みを持ちたいか。それに対して今どこがギャップなのか、データを追っていきます。実際には、大きく8つのカテゴリーで従業員にアンケートを取っていきます。

①事業推進力
②理念・ビジョンへの共感
③会社・仕事への誇り
④上司への信頼・社員間の関係
⑤自身の将来像
⑥評価・報酬
⑦働く環境整備
⑧多様性

この8つのカテゴリーごとに5項目ずつ、計40個の質問があります。50年以上のコンサルティング経験から導き出された質問です。だからこそ、把握できることがあると我々は考えています。

たとえば、「⑥評価・報酬」の項目では、評価制度を構築・運用しているにもかかわらず、従業員が疑問を持っている状況に出くわすことがよくあります。

「うちは積極性を評価すると言っているけれど、ちゃんと評価されているのかな？」

といったように、会社の考え方と従業員の印象にギャップがある会社が多いのです。また、

「うちは評価制度はあるけれど、評価項目の運用には納得していない」

という思いが生まれていたりすることもあります。

さらに、評価はしているけれども、その評価のフィードバックがきちんとなされていないケースもあります。

そうした想定をもとに、質問の詳細を分け、40のチェック項目を作っています。

従業員の回答は、無記名です。「名前は出ませんので率直に回答してください」と伝えて

います。また、15分ほどで回答することができます。

そして、回答が集まってきたとき、診断で大事にするのは、先にも触れた経営者の組織への期待値や優先度を考慮することです。だからこそ、経営者の目指したい組織と従業員の満足度ギャップを正しく把握し、組織に必要な改善ポイントが把握できます。

ここで重要になるのは、組織に対する経営者と従業員のベクトルがしっかり合っているか、です。

事業推進力、評価・報酬、多様性なのか。
理念・ビジョンへの共感、会社・仕事への誇り、上司への信頼、社員間の関係なのか。
自身の将来像、働く環境の整備、多様性なのか。

経営者と従業員が求めるベクトルが合っているかを把握しつつ、強化ポイントを明らかにすることができるのです。

年代別、性別、入社年次別、役職別、部署別で確認する

そしてもう1つ、アンケートを見ていくときに重要になるのが、属性別に見ていくことです。船井総合研究所もそうですが、社員数が数百名を優に超えていると、年齢によって結果に偏りが出てきます。入社してまだ社歴が浅い若いメンバーと、10年を超えるベテランの社員では、スコアが違ってきたりするのです。

また、個人の特定ができてしまうと、本人たちもなんとなく忖度した回答になってしまいます。ですから、「そこは安心してください」という前提を保って回答してもらうシステムになっています。

たとえば、20代、30代の社員には、区切りの幅を持たせて回答ができたり、勤続年数も3年から5年というように幅を持たせて回答してもらう設定になっています。

個人が特定されないよう留意しながらも、本音の回答が年代別、性別、入社年次別など

のほか、役職別、部署別で見られるのです。

それにより、たとえば「営業部はこうなっている、ということが、営業部長にわかる」ことになります。また、「営業部は評価・報酬に対して満足しているのに、総務部の満足度はとても低い」といった傾向を見ることもできます。

8つのカテゴリーについて、経営者の優先順位と、従業員の組織認識は、それぞれタテの高低、ヨコの高低を置くことで、マトリックスグラフになります。経営者の優先順位が高いものと、従業員の組織認識の高いものが合致しているか、ずれがないかも、一目瞭然に可視化されます。

「組織SANBŌ」は、すでに多くの企業に採用されているため、業種ごとの平均を出すこともできます。

同業他社は、どんな平均データになっているのか。

それに対して自社は、どんな状況にあるのか。

それが見える、ということです。

「組織ＳＡＮＢŌ」のレポートやスコア表を提出すると、幹部の集まりで大きな話題になることも少なくないようです。

「あ、うちは、ここが低いんだね」
「なんとなく思っていたけど、やっぱり、うちの離職の原因はここだよな」

そうしたところから議論が始まり、課題認識がおこなわれていきます。決算書が企業の通信簿のようなものに例えられることがありますが、組織ＳＡＮＢŌの結果は健康診断のようなものと言えるかもしれません。

組織の中身は、定量化がなかなかできないものです。「こんなところを伸ばしたい」と考えたとしても、目指す目標値を設定することは困難です。

「理念・ビジョンがしっかり浸透した組織にしたい」
「そうした価値観に合う人材を採用したい」
「そうした人材で組織を大きくしていきたい」

「組織SANBŌの結果を属性別に見る」ことで多面的に把握する

■スコア表
※各数値は「まさにそう思う」と「どちらかというとそう思う」の回答割合です
※文字の色は、診断実施企業平均より緑色="+10%"、赤色="-10%"を示す

カテゴリ	No.	設問文	実施企業平均	全体	性別		年齢		入社年次		役職		部署	
					女性	男性	20代	30代	1年未満	1年以上3年未満	役職1	役職2	部署1	部署2
		アンケート回答者数	—	8	4	4	4	4	4	4	4	4	4	4
事業推進力	1	自社の事業は、同業他社と比較して強みがあると思う。	66.6%	50.0%	25.0%	50.0%	50.0%	25.0%	50.0%	25.0%	50.0%	25.0%	50.0%	25.0%
	2	自社は、一部の社員しかできない業務をできる限りなくし、業務の流れや手法が整備されていると思う。	74.6%	50.0%	50.0%	50.0%	50.0%	50.0%	50.0%	50.0%	50.0%	50.0%	50.0%	50.0%
	3	自社の社員は、自身の役割をしっかりと理解していると思う。	72.9%	75.0%	75.0%	75.0%	75.0%	75.0%	75.0%	75.0%	75.0%	75.0%	75.0%	75.0%
	4	自社の社員は、やると決めたことへの徹底度が高いと思う。	70.9%	75.0%	75.0%	75.0%	75.0%	75.0%	75.0%	75.0%	75.0%	75.0%	75.0%	75.0%
	5	自社の社員は、チームワークを発揮して業務を推進していると思う。	69.1%	75.0%	50.0%	75.0%	75.0%	50.0%	75.0%	50.0%	75.0%	50.0%	75.0%	50.0%
		カテゴリ平均	72.4%	65.0%	55.0%	65.0%	65.0%	55.0%	65.0%	55.0%	65.0%	55.0%	65.0%	55.0%
理念・ビジョンへの共感	6	自社は、企業理念・行動指針が明確だと思う。	38.9%	0.0%	0.0%	0.0%	0.0%	0.0%	0.0%	0.0%	0.0%	0.0%	0.0%	0.0%
	7	自社は、企業理念・行動指針が社員に浸透していると思う。	53.5%	25.0%	0.0%	25.0%	25.0%	0.0%	25.0%	0.0%	25.0%	0.0%	25.0%	0.0%
	8	自社は、今後の目指す方向性（ビジョン）が明確であると思う。	41.5%	50.0%	50.0%	50.0%	50.0%	50.0%	50.0%	50.0%	50.0%	50.0%	50.0%	50.0%
	9	自社の社員は、現在の目指す方向性（ビジョン）に共感していると思う。	51.7%	50.0%	75.0%	50.0%	50.0%	75.0%	50.0%	75.0%	50.0%	75.0%	50.0%	75.0%
	10	自社の社員は、目指す方向性（ビジョン）の実現に向けて仕事をしていると思う。	61.3%	75.0%	25.0%	75.0%	75.0%	25.0%	75.0%	25.0%	75.0%	25.0%	75.0%	25.0%
		カテゴリ平均	49.4%	40.0%	30.0%	40.0%	40.0%	30.0%	40.0%	30.0%	40.0%	30.0%	40.0%	30.0%
会社・仕事への誇り	11	自社は、企業・商品・サービスに良いブランドイメージがあると思う。	48.2%	100.0%	100.0%	100.0%	100.0%	100.0%	100.0%	100.0%	100.0%	100.0%	100.0%	100.0%
	12	自社は、社会的に意義のある仕事をしていると思う。	54.8%	25.0%	0.0%	25.0%	25.0%	0.0%	25.0%	0.0%	25.0%	0.0%	25.0%	0.0%
	13	自社は、新しいことにチャレンジができる文化があると思う。	52.8%	50.0%	25.0%	50.0%	50.0%	25.0%	50.0%	25.0%	50.0%	25.0%	50.0%	25.0%
	14	自社の社員は、自身の仕事にプライドを持っていると思う。	59.4%	25.0%	0.0%	25.0%	25.0%	0.0%	25.0%	0.0%	25.0%	0.0%	25.0%	0.0%
	15	自社の社員は、自身の立場に見合った責任と権限が与えられていると思う。	75.3%	50.0%	0.0%	50.0%	50.0%	0.0%	50.0%	0.0%	50.0%	0.0%	50.0%	0.0%
		カテゴリ平均	58.1%	50.0%	25.0%	50.0%	50.0%	25.0%	50.0%	25.0%	50.0%	25.0%	50.0%	25.0%
上司への信頼・社員間の関係	16	自社の上司は、仕事で成果を出すことができる人が多いと思う。	71.8%	0.0%	75.0%	0.0%	0.0%	75.0%	0.0%	75.0%	0.0%	75.0%	0.0%	75.0%
	17	自社の上司は、相談しやすい雰囲気があると思う。	58.9%	0.0%	50.0%	0.0%	0.0%	50.0%	0.0%	50.0%	0.0%	50.0%	0.0%	50.0%
	18	自社の上司は、部下の育成に意欲的であると思う。	57.2%	0.0%	50.0%	0.0%	0.0%	50.0%	0.0%	50.0%	0.0%	50.0%	0.0%	50.0%
	19	自社は、立場や部署に関係なく、同僚に気遣いをできる人が多いと思う。	51.7%	25.0%	25.0%	25.0%	25.0%	25.0%	25.0%	25.0%	25.0%	25.0%	25.0%	25.0%
	20	自社は、部署間の関係性が良好だと思う。	50.2%	25.0%	50.0%	25.0%	25.0%	50.0%	25.0%	50.0%	25.0%	50.0%	25.0%	50.0%
		カテゴリ平均	58.2%	10.0%	50.0%	10.0%	10.0%	50.0%	10.0%	50.0%	10.0%	50.0%	10.0%	50.0%
自身の将来像	21	自社は、キャリアアップするための条件が明確になっていると思う。	70.6%	0.0%	75.0%	0.0%	0.0%	75.0%	0.0%	75.0%	0.0%	75.0%	0.0%	75.0%
	22	自社は、キャリアアップするために必要な教育プログラムが整備されていると思う。	80.8%	0.0%	50.0%	0.0%	0.0%	50.0%	0.0%	50.0%	0.0%	50.0%	0.0%	50.0%
	23	自社には、自身の目標となる人がいると思う。	72.2%	0.0%	50.0%	0.0%	0.0%	50.0%	0.0%	50.0%	0.0%	50.0%	0.0%	50.0%
	24	自社は、自身の将来について相談する機会があると思う。	58.9%	0.0%	50.0%	0.0%	0.0%	50.0%	0.0%	50.0%	0.0%	50.0%	0.0%	50.0%
	25	自社は、自身のキャリアアップを応援してくれる人がいると思う。	54.3%	50.0%	100.0%	50.0%	50.0%	100.0%	50.0%	100.0%	50.0%	100.0%	50.0%	100.0%

※数値はイメージ

そう考えたとしても、価値観の定量的な目標は、基本的に持つことができません。しかし、「組織SANBŌ」ならば、理念・ビジョンの共感スコアをこの先いくつまで上げていこうというように「これからの定量目標」が持てるのです。

結果を全従業員が集まる全体会議で共有する

先にも書いたように、船井総合研究所の組織SANBŌは、年2回おこなわれています。回答率は、98%前後にのぼります。やはり回答率が上がっていかなければ信頼できるデータにならない危険がありますから、回答率を上げることは極めて大事になります。担当している人事部門で、未回答者に催促をしっかりおこなうようにしています。

回答率を上げていき、スコアが出たら、もちろん経営陣は見ますが、社員にもフィードバックをおこないます。月に一度、グループ全社員が集まる全体会議があるのですが、組織SANBŌの結果が出たら、回答してもらったお礼の後に、今回の傾向が発表されます。前回に対して、どこが伸びたか、ということもフィードバックされます。

さらに、全体の大まかな結果も公表され、資料も共有します。経営トップからも、

「前期はこんな点が気になった。今期は、こういうところを改善していきたい」

などのコメントが出ます。

せっかくアンケートに回答してもらっているわけですから、それに対して会社はどう思ったか、どういうことをしようと考えたかを、しっかり従業員に語れなければなりません。

そうしなければ、

「回答したのに、あれは何だったのか？」

ということになりかねず、またうやむやに終わるようでは、回答率も上がっていきません。

フィードバックがおこなわれることで、従業員も自社の課題に気づくことができます。自分の満足や不満を意思表示できる機会になり、「うちの会社って、ここが低いよね」という認識も全従業員で共有できる。

また、グループ会社ごと、部署ごとにスコアの出方が大きく変わっていきますから、部署の責任者もしっかり結果を見ていかなければなりません。リーダーは、自分の部門について、どこが高く、どこが低いのかを認識する必要があります。

全社としても、結果を見て「では、どうするか」が問われることになりますが、部署ごとにも「では、どうするか」の対策案を出さなければなりません。課題が見えたわけですから、改善に向けた行動ができるようになるのです。

無記名ですから、匿名の離職傾向などはわかりませんが、部署ごとの傾向は見てとれます。人間関係の項目のスコアが低く出ると、やはり離職率は高くなります。プレッシャーを与えるような組織では、仕事をするのが楽しくなくなり、離職につながる傾向があります。これも、回答に表れます。

一方で、評価・報酬の項目は、満足度の高さが青天井なので、比較的スコアは低くなりがちです。ここは、冷静に見なければいけないところです。

組織SANBŌは、かつては秋に年1回のみおこなわれていました。船井総合研究所は決算が12月のため、来期の組織の編成を組んだり、さまざまな施策を打ち出していくうえで、今の状況をしっかり知ることが必要だと判断していたためでした。

しかし、アンケートに回答してもらい、「ここが低いからこういうことをやろう」と決めて実行したのに、結果がわかるのが1年後では、施策のスピードが上がっていかないことに気づきました。そこで、半年に一度のPDCAを回すことを決めたのでした。

「経営者が気づいていない情報」が、やはりたくさんある

組織SANBŌを使うことで、改めて「すごいな」と思ったことがあります。それは、経営陣が気づいていない情報が、やはりたくさんあるということです。とりわけ、数百名以上の規模の会社では、普段なかなか見えないことがデータから見えてくる効果がありま す。

「この部署は、女性のスコアがやたらと低いが、どういうことか」

ある企業で、そんなケースがありました。経営陣が部署を訪れてみると、とてもいい雰囲気なのです。上司は穏和で、同僚たちの仲も良さそうに見える。「うまくやっているじゃないか」とも思える。ところが、エンゲージメントのスコアは、女性のそれだけがとても低いのです。

調べてみると、経営陣や上司がいないところで、一般社員が女性の嫌がるような会話をしていて、良くない雰囲気を作っていたことがわかりました。経営陣や上司がいないところでの行動だったので、然るべき人が把握できていなかったのです。

また、「中間管理職のスコアの大半が低い」というケースもありました。これは、中間管理職の負担が大きくなっているのでは、という気づきにつながりました。

「どうしてこの部署だけ、こんな数値になっているのか」
「どうして女性だけに、こんなスコアが出るのか」
「若手社員の数値だけが低いのはどういうことか」
……

大事なのは、スコアからこうした異変を読み取ることです。そして、「これはいったいどういうことなのか」と踏み込んでヒアリングをしたり、調べたりする必要があります。裏側で起きている問題の中身は、データだけでは把握できません。しかし、データには異変が必ず表れます。組織ＳＡＮＢ̄Ōでカテゴリーの中から経営陣としての優先順位を作り、従業員とのギャップを認識して、ベクトルを揃えていくだけでなく、細かなデータを見ていくことで、個別の課題も見つけることができるのです。

ベクトルを揃えていくために、強化ポイントを把握し、施策を打ち出していく一方で、細やかな対応にも使用が可能ですから、導入する企業には、改善するための取り組みをおこなう部署や、その役割を持った担当者を置くことを推奨しています。せっかく従業員にアンケートに答えてもらっているのですから、それを存分に活用する。それにより、従業員の満足度を高めていくことにつながります。

ただ、従業員にダイレクトに８つものカテゴリーで忖度なく回答してもらうのが組織ＳＡＮＢ̄Ōですから、実施には勇気が要ることもたしかだと思います。厳しい結果が出るかもしれません。だからこそ、優先順位の高いカテゴリーに着目することが大事なのです。すべてを一度に上げていくことは難しいからです。

厳しい結果が出るかもしれない怖さがあってなお、従業員がどう考えているか、どう感じているかを知ろうとすることは、本当の意味で従業員を大切にしている証になるのでは、と我々は考えています。

「人がすべて」「人が資産」「経営は人だ」といった声はよく聞こえてきますが、具体的にどれだけ人的資本に投資しているかというと、なかなかかんたんなことではありません。だからこそ、真摯に社員に向き合う姿勢は、従業員にも、またマーケットにも伝わるのではと思います。

社員の性格や価値観、相性を把握できるデジタルツール

船井総合研究所は、人材活用、人材採用という観点でも、デジタルツールの活用を推し進めてきました。たとえば、「ミツカリ」。これは、ミツカリ社が提供している人事アプリ

ケーションです。社員に適性検査をおこなうことで、社員の性格や価値観、相性をデータで把握することを可能にします。

ユニークなのは、適性検査の結果が14の項目について、どちらに寄っているか、7つのシンジケーターで可視化されることです。

外向型 ↔ 自問型
論理重視 ↔ 想い重視
共感型 ↔ 主感型
協調型 ↔ 競争型
冷静型 ↔ 情熱型
楽観型 ↔ 慎重型
自己評価 ↔ 他己評価
理念重視 ↔ ビジネス重視
過程重視 ↔ 結果重視
専門追求型 ↔ 組織貢献型

着実志向 ↕ 挑戦志向
仕事重視 ↕ プライベート
給与重視 ↕ 仕事内容重視

さらに、総合的にどんなタイプなのかが、200文字程度で解説されます。それは適性検査を受けた社員にも共有され、自分のタイプを認識することができます。

ミツカリのデータは会社側も把握し、活躍している社員がどのようなタイプかも分析できます。そのデータは、人材採用をおこなう際、採用するかどうかのヒントにも使われています。

このほかにも「自社で活躍している社員はどのような数値か」をデータにし、応募者のそれに近いと活躍する可能性が高い、乖離が大きいとその可能性が低い、といった判断基準を出すためのツールを使用しています。

注意が必要なのは、こうしたツールはあくまでヒントでしかない、ということです。実際、船井総合研究所が重視しているキーワードの1つが「ストレス耐性」ですが、最も活躍し、大きな成果を上げたコンサルタントについて調べてみると、じつはストレス耐性が

ミツカリで活躍している社員がどのようなタイプかを分析

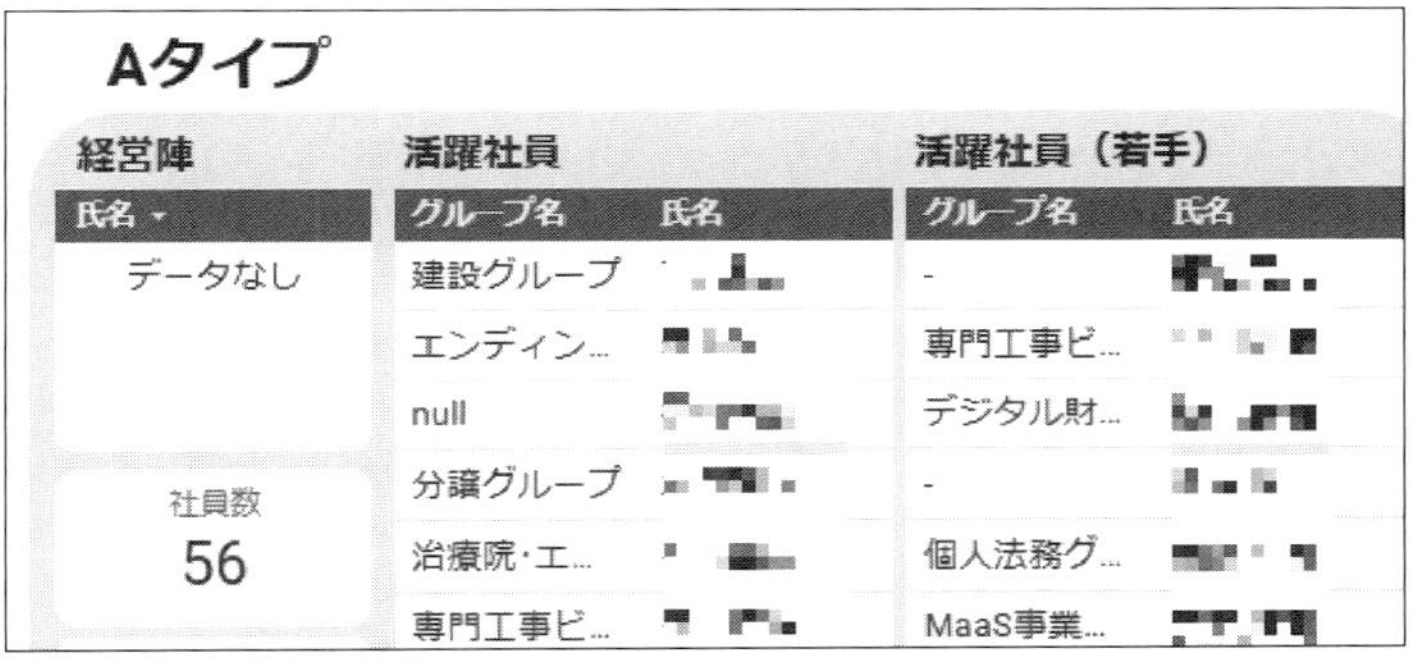

Aタイプ
経営陣
氏名
データなし
社員数
56
活躍社員
グループ名
氏名
建設グループ
エンディン…
null
分譲グループ
治療院·エ…
専門工事ビ…
活躍社員（若手）
グループ名
氏名
-
専門工事ビ…
デジタル財…
-
個人法務グ…
MaaS事業…

合格ラインギリギリとわかったりもしたのです。実際には、データに加えて、しっかり面接での結果を組み合わせて判断していくことが大切になるということです。

ただ、どんな会社でも、まちがいなく活躍している人と活躍できていない人がいるのが事実です。データのボリュームにもよりますが、活躍している人と、活躍できていない人のデータを突き合わせていけば、そこから見えてくることはまちがいなくある。それは、確実に採用に活かせるデータです。そうしたデータを、デジタルツールを使えば獲得できるようになっていくのです。

蓄積する情報を「Zoho」にまとめていく

デジタルツールは便利ではあるものの、機能ごとにやたらと増やしてしまうと使い勝手が悪くなってしまいます。わざわざそのアプリケーションを立ち上げなければいけないからです。

そこで、さまざまなアプリケーションをシームレスに連携させることで一体的に利用できるデジタルツールはないかということで、担当者が世界中のツールを探っていた中で見つけたのが「Zoho」でした。インドのZoho Corporation Pvt. Ltdが手がけているアプリケーションで、2023年現在全世界で1億以上のユーザーがいます。創業者は、シュリダー・ベンブというインド人です。Zohoの大きな特色は、価格がとても廉価だということです。

船井総合研究所が最初にZohoを知ったのは、製造業系のコンサルタントたちが、マーケティングオートメーションやＣＲＭなどのデジタルマーケティングのコンサルティングをする中で、デジタルツールを検討したことでした。さまざまなツールを比較する中で、製造業系のＣＲＭツールで廉価で高機能なのが「Zoho CRM」だということに気がつきました。

コロナ前でしたが、その後Zohoのユーザーになるクライアントはどんどん増え、船井総合研究所を通じてユーザーになった当社クライアントは現在６００社を超えるまでになっています。そんな中、船井総合研究所自身でZohoをもっと大きく使ってみよう、ということになったのでした。

船井総合研究所としては、製造業系、マーケティング系、ＣＲＭ系など断片的な使い方をしていましたが、じつはアメリカでは「起業したらZohoを入れておけばなんとかなる」といったフルサービスが可能なデジタルツールだったのでした。

さまざまな調査・分析結果のZohoへの蓄積を進めています。

また、プロジェクト管理やＡＩチャット、プレゼンテーションツールなど、社内のデジタルツールをZohoでまとめていくためのキラーコンテンツが、じつは社内ＳＮＳ「Zoho Connect」です。

社内SNS「Zoho Connect」でデジタルのコミュニケーションを活性化

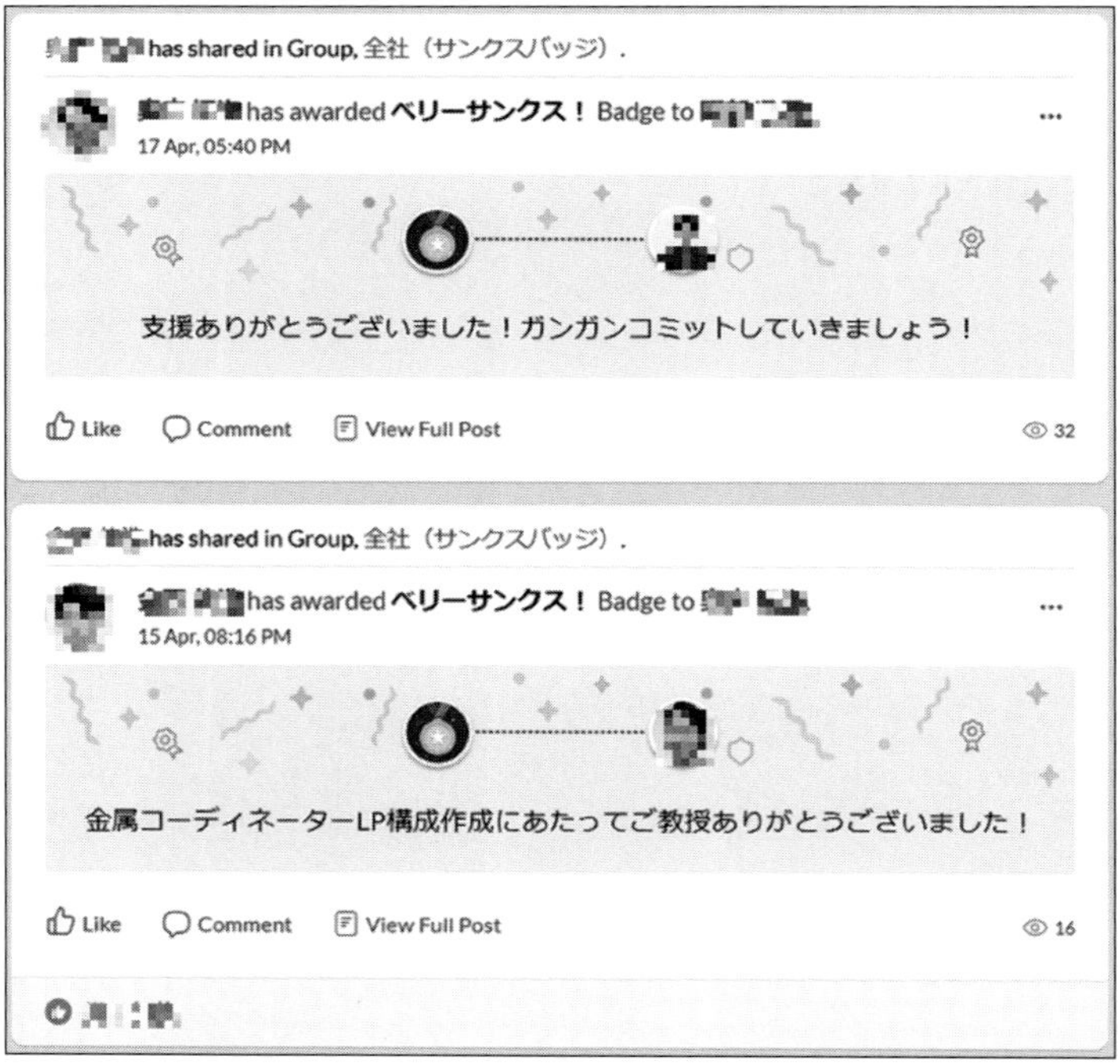
has shared in Group, 全社（サンクスバッジ）.
has awarded ベリーサンクス！ Badge to
17 Apr, 05:40 PM
支援ありがとうございました！ガンガンコミットしていきましょう！
Like
Comment
View Full Post
32
has shared in Group, 全社（サンクスバッジ）.
has awarded ベリーサンクス！ Badge to
15 Apr, 08:16 PM
金属コーディネーターLP構成作成にあたってご教授ありがとうございました！
Like
Comment
View Full Post
16

中でもすでに利用が加速度的に増えているのが、バッジです。社内で感謝を伝えたい人がいると「ありがとう」を贈ることができるサービスです。

バッジが贈られた人には、通知が行くようになっています。そうすれば、必然的に見に行きます。また、いいことがあれば、みんなの前でほめてあげたいものです。積極的にバッジが使われるようになり、盛り上がっています。

デジタルツールをZohoにまとめていくには、Zohoへのアクセス頻度を上げないといけません。そこでバッジを贈れるZoho Connectを活用しようと考えたのです。

担当者は、この先のZoho Connectのさらなる盛り上がりを仕掛けていく計画です。

第7章

究極のアナログ戦略であり投資「オフィス」の拡大移転

創業以来の大投資、２０２４年のオフィス移転

本書の最後に「オフィス環境投資」の話をします。人的資本経営の観点でも、社員が１０００人を超え３０００人を目指す企業が力を入れるべきものです。

２０２４年４月、船井総研グループは、丸の内にあった東京本社を、八重洲にある東京ミッドタウン八重洲に移転しました。６５０坪だったフロア面積は、１３００坪と約２倍に拡大。新オフィスは「サステナグロースクエア ＴＯＫＹＯ」と名付けました。

オフィスは、大きく来客エリアと執務エリアで構成されます。来客エリアのセミナールームでは、経営セミナーや経営研究会でさまざまな情報を発信するとともに、参加者同士の関係構築を促す場として活用することを考えました。多くの中堅・中小企業の経営者と船井総研グループのコンサルタントが交わり、最新の経営情報が行き交い、新時代の日本型経営のあり方をともに作り、発信していきたいと考えています。当社にとっては、創業

以来の大投資になりました。

それにしても、リモートワークが広がって、多くの企業がオフィススペースを縮小している今、なぜオフィス移転、しかも2倍の敷地面積にしたのか。

「むしろ、リアルに振り切るところは振り切らなければいけない」

それが、我々の実感でした。我々が投資する主力商品に力を入れる目的もありました。以前の丸の内のオフィスは、2005年から入居していました。セミナーや経営研究会を開き、多くの経営者に来ていただいてコミュニティを作り、全員で業績を上げるというスタイルを確立させることができたのは、まさにこのオフィスのおかげでした。

しかし、じつは当初は違うオフィス戦略を考えており、5年ほどかけて大幅にリニューアルをおこなったという経緯がありました。来客エリアを、後から大幅に拡大させていったのです。その結果として、執務エリアが小さくなり、グループの成長に伴って社員のすべてがこのオフィスで仕事をすることに限界が出てきたのでした。

こうして、グループのオフィスは次々に外に出ていくことになりました。また、ホールディングスもフロアが分かれるようになりました。その過程でわかったのが、一体感が薄れていくことでした。

どんな人が会社にいるのか。どんな人が活躍しているのか。そういうことが、目に見える範囲にないと、どうしても一体感の醸成が難しくなります。かつては共有できていたカルチャー感のようなものも、どうしても薄れてしまいます。

2020年を過ぎたあたりから、「やはり全グループ社員が集まることが大切なのではないか」という思いを強くすることになりました。そこで、全社員がワンフロアにいられるオフィスに移転することを考え始めたのです。

そこにやってきたのが、コロナでした。リモートワークの効率に気づきつつも、リアルがなくなったことで挨拶すら減り、改めて顔を合わせて一体感を醸成することの大事さを感じるようになりました。顔が見える範囲に全社員がいる、ワンフロアにいるということです。ベーシックなことですが、とても大事なことだと気づいていったのです。

また、リモートワーク、リモートソリューションが拡大していく中での気づきもありました。リモートで働く環境を、整えられていなかったということです。たとえば、Wi-Fiの環境が大量のオンラインミーティングに使用する容量を想定していませんでした。また、

東京ミッドタウン八重洲にオフィスを移転

電話ブースのようなものの必要性にも改めて気づいていきました。
こうして2021年から、オフィスを探していたのです。

この10年、日本で最も大きく変わるエリアで

「サステナグロース スクエア TOKYO」は、セミナー参加者やコンサルタントの打ち合わせで来訪者が多いため、受付はゆとりのある空間にこだわりました。メインロビーは、お客さまに快適に過ごしていただける設計です。中央カウンターには、クライアント企業の商品を紹介しています。サイネージを多数設置し、コンサルティングの成功事例の紹介や各種レポートの閲覧など、施設の利用用途に応じたコンテンツを展開します。

セミナールームは、大規模なものから小規模なものまで3つ。さらに、採用活動で使うことを想定したプレゼンテーションルーム。個室の会議室も、以前のオフィスに比べて1

・5倍に増やしました。

オンラインとリアルの両方で参加者がいることを前提として、最初からリモート接続用のモニターを「コの字型」の会議室の一角として設置した部屋もあります。オフィスはアナログ戦略ですが、デジタルも先端を意識しながらリアルを極めることを考えました。

ワンフロアが続く執務スペースは、壁を設けず、グループの一体感を視覚的にも感じられる設計になっています。オンラインの打ち合わせ用ブースは、53台設置。業務の生産性向上への期待が高まっています。

約1600人のグループ会社の社員が入ります。リアルは週4日、リモートが1日というルールになっている現状、しかも出張も多いコンサルタントの働き方を考えると、じつは社員全員が一度に出社してしまうとフリーアドレスのスペースでも入りきらない可能性があります。また、お客さまをお迎えしてのセミナーも、用意されているセミナールーム以上に開催予定が組まれる可能性もある。

しかし、東京ミッドタウン八重洲で幸運だったのは、ビル内に共用の会議室やセミナールームがあることです。そのスペースを使うことで、柔軟に対応できることがわかりました。

今、出社とリモートは4対1になっていますが、ここはフレキシブルでいいと考えています。3対2でも2対3でも、調整しながらやっていけばいい。セミナールームにしても、規模が大きくなって、しっかり稼げれば、いろいろな選択肢が取れるということです。

2005年、以前の丸の内のオフィスへの移転は我々にとって大きな転機でした。社員が行きたくなるようなオフィスができ、東京駅の目の前で、出張に関しても便利でした。そして来社型のビジネスモデルに転換でき、全国からお客さまにおいでいただけるようになりました。

当時、丸の内は大きな再開発がおこなわれており、まさに街自体が上り坂に入っていくというタイミングでした。もちろん、伝統的に日本のオフィス街のトップブランドでもあります。

丸の内移転に合わせて、入社してくる新卒社員のレベル感もぐっと上がりました。そして、業績も大きく向上。移転の効果をまさに体験していたのが、我々でした。ある意味、究極のアナログ施策ともいうべきオフィス施策について、実体験から重視すべきものとして強く認識していたのです。

そして、たまたまご縁があり、東京ミッドタウン八重洲との出会いがありました。八重洲は今、大きな再開発が始まっています。向こう10年で、日本で最も変わるエリアといえるかもしれません。次なる成長立地、時代の半歩先に行く選択肢として、まさにぴったりでした。

移転は何より、「次はどんな未来が待っているのか」という社員のワクワク感を生んだようです。

真新しい最新鋭のオフィスに足を踏み入れていく社員たちの姿も、以前とは変わった気がします。モチベーションは、大いに高まったのではないでしょうか。

改めて、戦略的なオフィス発想の価値を思いました。もちろん、コストがかかる話ではありますが、究極のアナログ施策の1つだと思うのです。

エントランスでお出迎えする「和のオフィス」

東京ミッドタウン八重洲の「サステナグロースクエア TOKYO」においでいただくと、いきなり驚かれるかもしれません。というのも、エントランスで真っ先にお出迎えするのが、大きな「のれん」だからです。

ほかにも、ブラインドではなく障子を使ったり、ところどころに日本庭園で使われるような石を用いてみたりと、エントランスや一部の会議室では和の雰囲気を強く意識しています。

船井総研グループでは、経営陣の多くが、コロナ前まで海外視察によく出かけていました。そして、海外のオフィスを数多く見ることになりました。凝ったオフィスを作っているスタートアップ企業などがたくさんあったのです。

そうした海外のトレンドを追って、日本でもオフィスに注目が集まるようになりました。

来客スペースの入り口は“のれん”

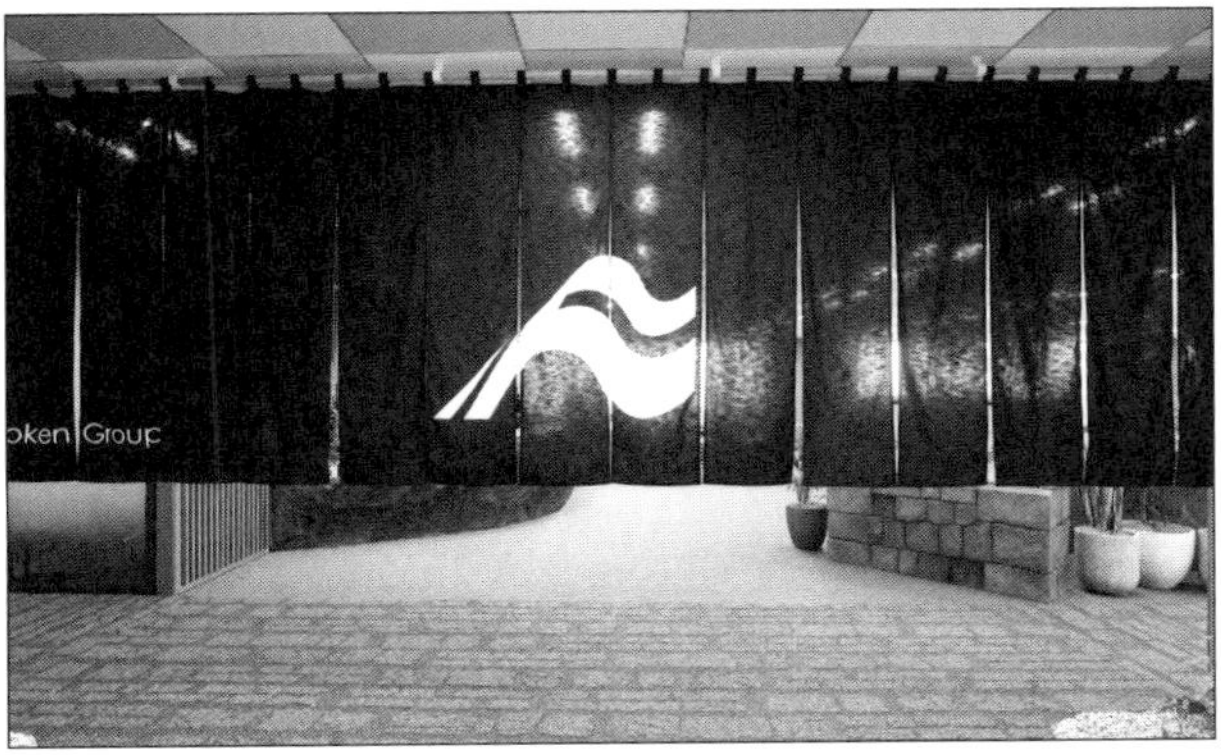

東京ミッドタウン八重洲のコンセプト「ジャパン・プレゼンテーション・フィールド」に、オフィスのコンセプトを一致させている。

特に、スタートアップ企業が調達したお金を使って豪華なオフィスに投資する流れがありました。海外で見たような立派なオフィスが、日本でもたくさん出てくるようになったのです。我々が「サステナグロース スクエア TOKYO」を作ろうとしたとき、提案を求めた設計会社からも、そうした海外のオフィスのようなプランが上がってきました。海外っぽい、ナチュラルとでもいうような感じです。

しかし、経営陣の中では、海外のオフィスのようなデザインは、どうしても既視感がぬぐえませんでした。どこかで見たようなオフィスになりかねないな、ということです。

また、こうも考えました。

「社員にもお客さまにも、それなりに心地いい空間は作れるかもしれない。しかし、驚きがなければ、我々の会社でなくてもそのオフィスはできるのではないか」

「それこそ、地方都市であれば、もっと低コストで思い切ったオフィスができる。もしかしたら、すでにたくさんあるかもしれない。地方都市から数多くのお客さまを迎えるわけなのに、はたしてそれでいいものか」

そんな中で出てきたのは、「和のオフィス」でした。意外に、和をモチーフにしたオフィスは思い当たるものがありません。東京・大手町のビル街の真ん中にできた、思い切り和に振り切った温泉旅館「星のや東京」が好評を博していることも聞いていました。

オフィスが変わらなくても成長を志向していたと思いますが、オフィスが変わったなら、その次元は変わるはずなのです。ならば、「次元が変わった感」も出したかった。その点で、「和のオフィス」にはインパクトがありました。

じつは、東京ミッドタウン八重洲には、「ジャパン・プレゼンテーション・フィールド」

というコンセプトがありました。日本発のブランドや会社が世界に飛び出していく、というコンセプトを持つビルだったのです。実際、京都の着物のお店や福井・鯖江の眼鏡のお店など、日本の伝統産業のショップがビル内には入ることが決まっていました。日本のDNAを大切にしつつ、しっかりこれからの世界を見ている。これは、日本のスタイルを大事にしつつ、デジタルも強化していこうという我々のステージにまさにぴったりではないか、と感じました。

ただ、「和のオフィス」といっても、単なる懐古主義のようなものは、コンサルティング会社としては一番やってはいけないことです。かといって、日本の会社なのに、まるで外資系企業のオフィスのようになるのも違う。

DNAを意識しつつ、しっかりと次の時代を先取りできるオフィスを作る、と考えたのです。

こだわった「グループ会社のすべてが一堂に会する」

オフィスを探し始めたのは2021年からと書きましたが、当社ホールディングスの社長をはじめ、経営陣は1年ほどかなり本気でいろいろなことを調べていきました。オフィス移転というのは、大変なプロジェクトです。しかも、費用もかかります。

非上場のオーナー企業であれば、オーナーが「やるんだ」と言えば、桁違いな投資も可能です。しかし、上場企業としては、増収増益を続けながら吸収し、次の時代に飛び込めるハードとなると、連立方程式を解くような話なのです。

もっと待ったほうがいいのではないか。

先に社員の給与を上げたほうがいいのではないか。

悩むところもたくさんあったようです。

そのタイミングでコロナがやってきて、一気にリモートが拡大。「もはやオフィスはいらなくなるのではないか」といった声が周囲でささやかれる中、オフィス移転の準備は着々と進むことになります。

考えてみれば、世の中の企業がオフィスから撤退しようという時期に、オフィスを探していたのです。だれもがオフィスを探す、拡張するとなれば、家賃をはじめ条件はかなり厳しいものになるわけですが、まさに逆のタイミングで我々はオフィス移転を決断しました。もしかすると、最高のタイミングだった、と言えるかもしれません。

それまではグループ会社のオフィスがバラバラだったのが、ワンフロアで一堂に介するようにしました。また、会社間の壁もなくし、人数に応じていくらでも動かせるキャビネットで境目を作るだけにしました。それにより、どこからでも見渡すことができ、会社を超えてのコミュニケーションが取りやすいワンフロアのオフィスが完成したのです。

さっそく見学をいただいたりもしていますが、よくいただくのは「人が大勢いて、賑やかですね」という感想です。そしてこれは、ありがたいおほめの言葉だと感じています。

じつは、オフィス移転を検討するにあたり、さまざまなオフィスを見学させてもらって

「多くの人が集まる」のは価値であり財産

業績の厳しい会社は人がまばら……

「人の活気」が業績につながる

船井流の「圧縮法」で活気ある空間を創造

いたのですが、改めて感じたことは、業績が厳しくなっている会社の多くが、人がまばらだったことです。業績が悪いから人がまばらなのか、人がまばらだから元気がなくて業績が悪いのか、因果関係がどちらなのかはわかりません。しかし、オフィスに人が少ないと、明るく仕事をしよう、という空気感にならないのは事実のようです。

社長が部屋に閉じこもってしまって、コミュニケーションがなかなか取れないという会社もそうでしょう。数人の社員が隅っこのほうでパソコンを打っているだけ、というのでは、業績が大きく伸びていくようには思えないものです。

グループ会社が、壁のないところで、ワイワイガヤガヤと仕事をする。その大きな価値は、これから見えてくると考えています。

新オフィスでまず始めたのは「挨拶キャンペーン」

最新鋭のデジタル設備も揃った真新しいオフィスで、真っ先に取り組みを始めようとしたのが、「挨拶キャンペーン」でした。第3章でご紹介している「グループカルチャー推進室」が大阪と丸の内のオフィスでおこなっていた、朝の挨拶を促す施策です。創業者の舩井幸雄が大切にしていた挨拶。コロナ禍でリモートワークが拡大し、その大切なカルチャーが失われてしまったことに危機感を覚えた経営者が、グループカルチャー推進室を立ち上げて始めた取り組みでした。

ワンフロアのオフィスにグループ会社の一同が会するのは、グループとしての一体感を醸成することが目的です。パーパスや「Funai Way」といった理念体系を実現させるにあたって、土壌となるのがカルチャー。そのカルチャーのベースになるのが、挨拶です。大きな組織になり、人数が増えると、顔と名前が一致しなかったりします。そうすると、自

新オフィスでの挨拶キャンペーン

分たちの身近な組織以外は挨拶をしない、といったことが起こりかねない。

また、グループが同じ人には挨拶しても、グループ以外の会社の人には挨拶しないなんてことも起こりえます。そうしたことを放っておけば、お互いがまともに挨拶もできない集団になってしまいます。そのようなことになっては、1カ所に集まってもなんの意味もありません。そこで、「まずは挨拶から」を、新しいオフィスの1丁目1番地にしよう、と考えたのでした。

新オフィスに越したばかりの朝、始業30分前から、エントランスにはホールディングス社長、船井総合研究所の社長、さらにはその他のグループ会社の社長全員が揃い、

1人1人が社員に挨拶をしていきました。

丸の内のオフィスにいた社員としては、これまでも経験していた「挨拶キャンペーン」ですが、別のオフィスにいた社員、異動してきた社員、4月1日に入社した新入社員にとっては、はじめての経験でした。しかも、各企業のトップ自らが挨拶をしてくるわけです。

ただ、とても残念なことに、挨拶が返ってきたのは、半分ほどでした。ぎょっとして、大急ぎで通り抜けていく社員もいました。

挨拶キャンペーンはその後も継続していることで、グループ会社の社員にも挨拶の習慣が根づいていっているのを感じています。

「見て学ぶオフィスツアー」の開始

船井総合研究所では、以前のオフィスでも、お客さまに社内をご案内して見ていただく機会を作っていました。自分たちが見られていると感じることで、意識も変わります。見られてもいい状態に会社を保っていくということにもつながります。

ただ、オフィスのいろいろな場所を案内する際に、ポイントをしっかり理解しておかなければ、せっかくご覧いただくのに、船井総研グループという会社を理解していただくことができません。ですので、これまでは人事の担当者が学生を案内する場合を除き、役員が案内することがほとんどでした。創業者のこと、創業者の執務をしのぶファウンダールームのこと。セミナーの案内が置かれているラックでは、業種別セミナーというビジネスモデルをご紹介し、「サステナグロースカンパニーアワード」など表彰関連の話もする。オフィスツアーとしてお客さまをご案内しながら、船井総研グループを説明していくのです。

新オフィスに移転してからは、会社のことをより深く理解するカルチャー推進という位置づけも含めて、これを役員のみならず多くの社員ができるようにしようと考えています。そして、説明すべき内容として、我々の理念体系、オフィスの機能、クライアントに提供する価値のようなものを総まとめにして、整理しているところです。

お客さまにオフィスを見てもらい、いろいろなビジネスを推し進めていくきっかけを作る、という意味合いも対外的にはあります。しかし一方で、そうした説明をすることによって、自分たちが会社をより深く理解することになると思うのです。

今回、社史のような歴史を壁に大きく記し、オフィスの変遷のようなものも見られるようにしました。創業期はどんな場所で始まり、何度も変わったオフィスはどう変遷していったのか。おそらく社員が知らないことも、お客さまに説明するために改めて知ることになります。しっかり会社を理解し、アウトプットをしていってほしいと考えています。

マネジメントクラスの社員に対しては、会社に対する理解度を評価項目に加えることも検討しています。また、会社のことを伝える際、まちがった数字を伝えることのないよう、選抜テストのようなものを始めることにしました。その選抜テストをパスした人だけが、ツアーをできるようにオペレーションを組んでいきます。

案内するからには、会社をしっかりと理解する必要があります。会社だけでなく、オフィスで働く社員やオフィスの状況についての把握も必要です。また、説明をするためには、調べたり情報整理をしたりすることも求められます。

この過程で、社員は自社の魅力に再度、気づかされることでしょう。さらに、それをお客さまに説得力をもって伝えるというプロセスで、自分にしっかりと落とし込まれていくところもあります。実際に、ツアー実践の候補者と話をしていると、カルチャー浸透度が

オフィスツアーを受け入れることで「外からの目」を意識する

サステナグロース スクエア TOKYOに貼り出した社史

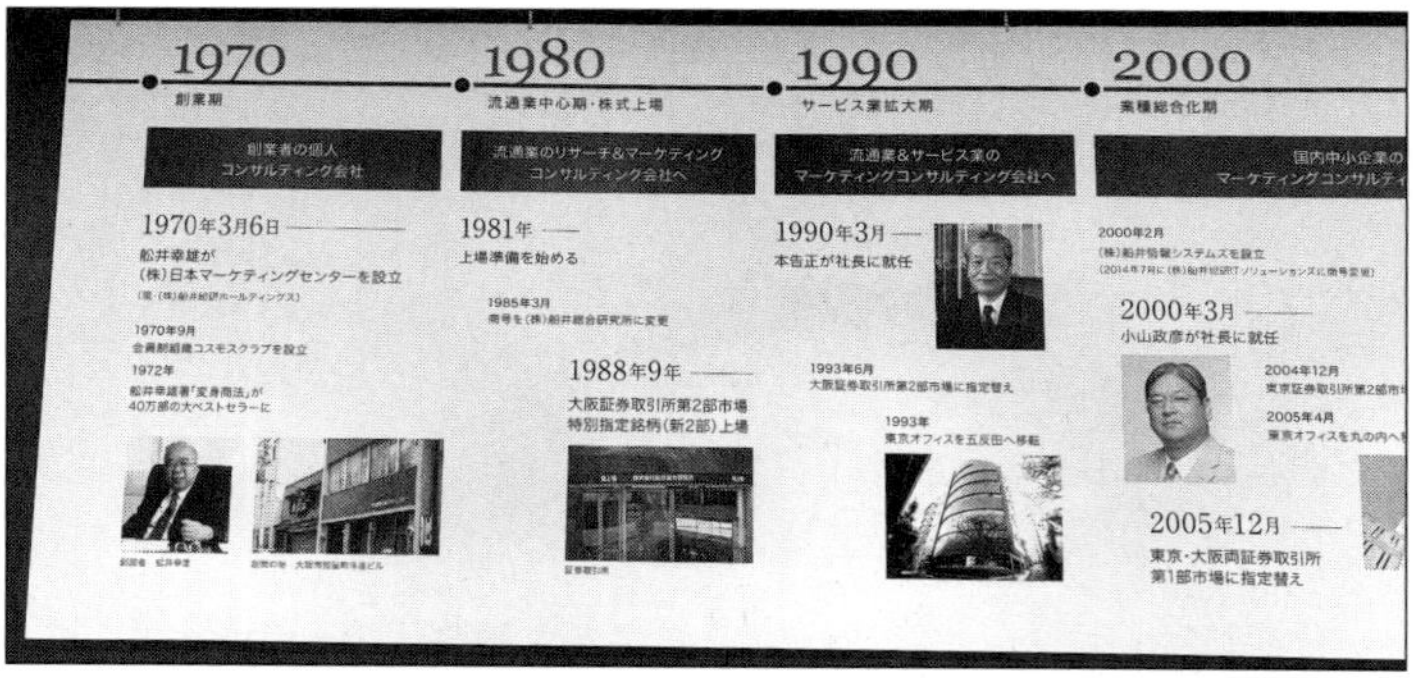

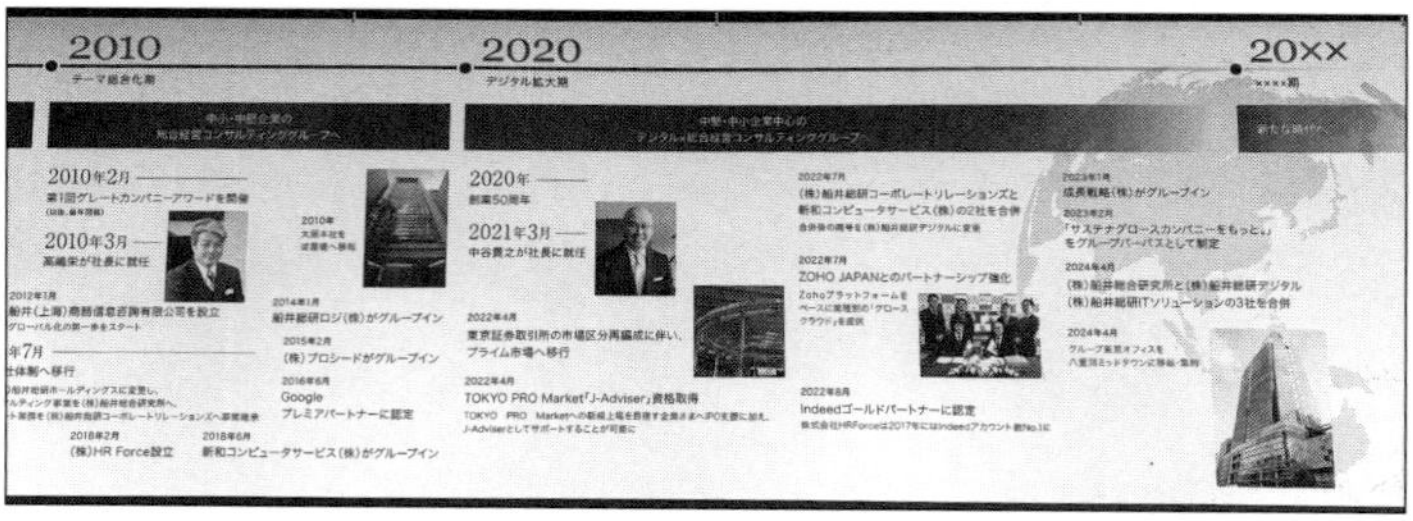

高まっている印象があります。

もともと船井総合研究所には「最も優れたコンサルタントは、自分の会社を魅力的に伝えられる」という考え方がありました。自社を理解し、その魅力をわかっていれば、より好きになることができ、お客さまからも好きになってもらえます。

前のオフィスでも、一部のコンサルタントは、エントランスからセミナールームの間にある創業者の手書きのメッセージを紹介したり、アワードで表彰された方々の展示をお見せしたりと、自分たちの取り組みを積極的に紹介していました。それを、多くの社員ができるようにする。新しいオフィスになったからこそ、生まれた発想でした。社員も、楽しんでくれると考えています。

ハイブリッドで1にするのではなく、2以上にする

「デジタルとアナログのハイブリッド」という言葉があります。しかし、そこでまちがえてはいけないことがあると我々は考えています。セミナーを例にしてみましょう。

かつて、経営者向けのセミナーは、すべてダイレクトメールで集客していました。それが、SNSなどデジタルでの集客がメインの方法に切り替わりました。

これがコロナ禍でリモートが進んだことによって、さらに踏み込んで、完全にオンラインセミナーでおこなうようになり、集客から実施までデジタルに移行したのです。しかし、「セミナーはやはり顔と顔と合わせてプレゼンテーションをしたほうがいい」という声も大きく、オフィスを移転する前のタイミングで半分ほどリアルに戻っていました。しかし、戻せて半分でした。

それを、八重洲への移転を機に8割まで持っていけるか、という状況になっています。

前のオフィスでは100%リアルに戻そうとしても、会場のキャパシティがなかったのが正直なところです。

これでようやく100%に戻せるキャパシティを得ることはできましたが、では100%戻すべきかというと、必ずしもそういうわけでもありません。リバイバルのようなものは、オンラインで自動配信されるニーズがあります。そうしたニーズへは、愛媛県松山市にある障害者雇用の拠点を使って配信することで対応しています。

こうした組み合わせは一瞬、ハイブリッドと思われるかもしれません。しかし、第4章で説明したように、ハイブリッドと聞くと、セミナーをオンラインで配信するものと、リアルでオフラインでおこなうもの、「1」あるコンテンツをデジタルとリアルで「0・5」ずつ組み合わせるものという勘違いが起こりがちなのです。

お客さまから見れば、1つの流れの中で、オンラインでおこなったほうがいいものはオンラインでおこない、オフラインやリアルでおこなったほうが成果の出るものはそれを選ぶ、という組み合わせがあるべき形です。つまり、0・5+0・5=1なのではなく、1+1=2であったり、2以上の結果が出ることが、まさにハイブリッドと認識していかなければならないのです。

実際、コロナ前に比べれば、お客さまが我々のコンサルタントと接する、我々のコンテンツに触れている時間、体験いただいている時間が増えているのが、本当のハイブリッドです。デジタルにアナログを、またアナログにデジタルを足していく世界なのです。

オンラインセミナーは、本数を増やすにあたり、コストがぐっと低くなりました。参加者が減っていたとしても、本数でカバーすることができました。「お客さまとしっかりつながる」という意味ではオフラインのリアルがいいという声もありますが、「オンラインのほうが多くの接点が持てる」という世界観もあるわけです。

オンラインとオフラインそれぞれのメリットを理解して、ハイブリッドは考えていかないといけないのです。

リアルでは対極としての「非日常」を作っていく

オンラインとオフラインは「日常」と「非日常」と言い換えてもいいかもしれません。旅行先など非日常の場で、普段使うよりも高額、高品質なものを買ってしまうことはないでしょうか。気分が上向いて、情報感度も高まるからです。

これをセミナーに置き換えると、地方のお客さまにとって、やはり東京は非日常の空間なのです。自宅やオフィスで東京から配信されているものを聞くのも、当初は珍しく、非日常の気分をキープできましたが、じわじわとそれは失われていきました。結局、普段の場所で、いつもの日常の中で聞いているということに気づいていったわけです。

我々のコンサルティングも、やや非日常に近い世界ですが、これも変わってきています。移動距離も近くなっており、デジタル化すればするほど、コモディティ化していってしまうものです。

かんたんに手に入れられるものと、東京に行かなければ目にできないコンテンツというものを、きちんと分けて出さなければならないのです。それが、オンラインが非日常でなくなったときに、我々が感じるようになったことでした。

だからこそ八重洲のオフィス、でもあったのです。

「さすがにこれは、来ていただいて、見ていただいたほうがいいのではないですか」

そう堂々と言える世界を、我々は実際に作りました。地方の方が東京に出てきて、丸1日時間を使ってもらうのにふさわしい場所になっているのです。

せっかく東京に来ていただくのであれば、とてもリラックスできることが求められているわけではない、と考えています。やや緊張感があって、入って来て圧倒されて、「おいおい、これは息が詰まるな」というくらいの雰囲気でセミナーに参加いただく。そのほうが、明らかに研ぎ澄まされると思うのです。

セミナー代金も、決して安くないと考えています。社長が滞在するのにふさわしいホテルに泊まり、丸1日過ごして「東京まで行って社長として得られた成果が何もない」というわけにはいかないでしょう。

「意地でも何か1つか2つ、ホームランのネタを持って帰ろう」

そのつもりで来ていただいて、そういう熱い眼差しを持った社長が目の前にずらりと座れば、講師を務めるコンサルタントも熱くなります。しかも、立派な新しい会場ができたわけですから、もっといいものにしよう、となります。ほかの会社とちょっと違うボリュームだったり、クオリティを目指すようになるものです。

東京に来ていただき、「これは刺激的だな」と思ってもらえる世界を、新しいオフィスで提供していく。便利なデジタルの対極にあるものとしてアナログを捉えれば、こんな考え方もできます。すでにあったもの際立たせることで、本物のハイブリッドに近づけることができると思うのです。

ここで、オフィス移転の効果を、数字で見てみます。

来客用のゲストルームは、東京の5つの拠点で合計14室だったのが、25室に増加。より多くの来客対応ができるようになりました。

実際に、来場者数も増加。丸の内の以前の東京本社への来場者数は2035名（2023年4月度）に対し、新東京本社の2024年4月のそれは3892名と、前年同月比191・3%を記録しています。

フロア面積は911坪から1240坪に拡大しました。

ＷＥＢブースは、移転前に16台しかなく場所の奪い合いだったのを53台、事前予約なしで使用できるものも含め70台にしたことで、社員はだいぶ余裕を持って使用することができるようになりました。

拠点を集約したことで、バックオフィス機能はホールディングスに集約化しています。業務のうえでも、別だった関連会社の社員間の心理的な距離が縮まったほか、それに伴って非効率、課題も見つかるようになり、改善の手立てを打てるようになっています。

集約により、コストも削減しました。

丸の内、八丁堀、本郷、浜松町、芝の合計5つの東京の拠点を八重洲に集約したことで、それぞれの拠点で必要だったことから合計16台あったコピー機は、5台になりました。

新しい建物を広く借りるので、家賃は増額したものの、分かれていた東京の拠点を集約したことで、以前はそれぞれの拠点で発生していたさまざまなものを大幅に減らして合計の経費をむしろ前年比で下げることができ、営業利益は大幅増となったのです。

数字で見るオフィス移転の効果

	移転前		移転後
ゲストルーム数	14室	→	25室
来場者数	2,035名	→	3,892名
フロア面積	911坪	→	1,240坪
コピー機数	16台	→	5台

集約により経費合計は前年比で下げることができ、家賃の増額分を吸収し、営業利益は大幅増

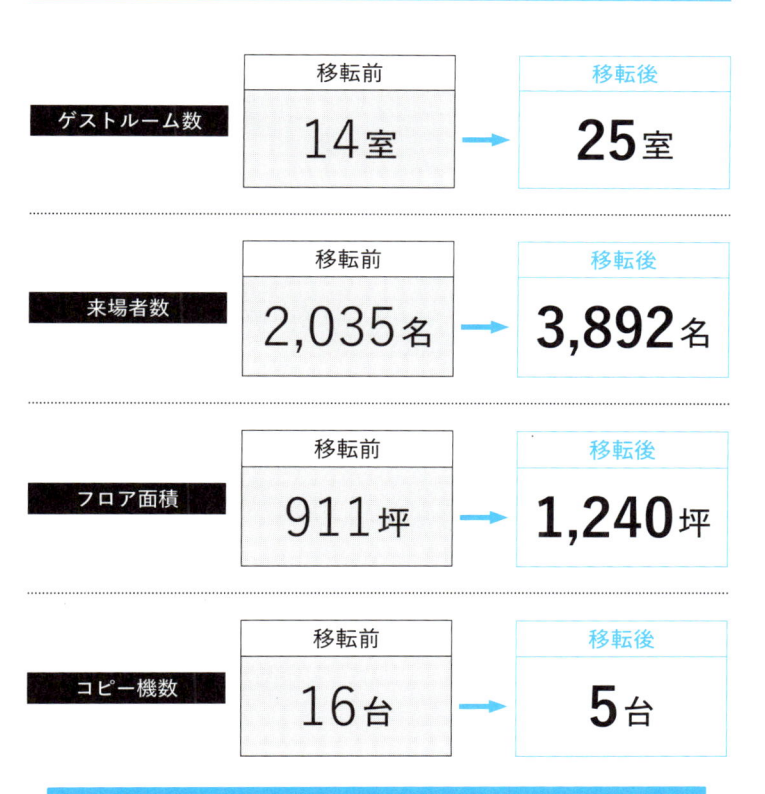

デジタルだけでも、アナログだけでもない

改めて大切だと思うアナログ、成功のためには欠かせないデジタル。両者をどう組み合わせるかを考えたとき、1つは「どちらにもこだわらない」ということだと考えます。どちらにしても、手法論です。アナログがパーフェクト、デジタルがパーフェクトということは、ありえません。

確実に言えるのは、デジタルは手軽だということです。だから、手軽に提供ができます。お客さまにも「それでいい」と言われる可能性が高い時代になっています。逆に、アナログで提供されてみないと、アナログの価値はわからないという状態なのだと思います。ただ、アナログもデジタルとの差がはっきりとわかるくらいに突き詰めておこなわなければ、やはりそれはなかなか伝わらないのかもしれません。アナログ施策をおこなうときには、この世界観を意識できるかどうかが大きいと思います。

手に取る質感のようなものでしょうか。アナログはデジタルに比べ手間も時間もかけているので、デジタルの進むこれからの時代において、アナログというものが、とても希少価値が高いものになるのでしょう。

そのことを踏まえて、我々としても、東京ミッドタウン八重洲でどれだけ希少価値、高い体験価値を提供できるかが大事になると考えています。新しいオフィスにふさわしいコンテンツやクオリティが、次のチャレンジということになるのでしょう。

そのためにも、場は重要でした。新しい場は、まちがいなく背伸びをしなければならないところです。我々は新しいオフィスで、背伸びをする世界観を、しっかりお客さまにも、社員にも提供していかないといけないと考えています。

このオフィスにふさわしい、アナログなノウハウを身につけていく。同時に、加速するデジタルに対応し、両者を組み合わせ本物のハイブリッドにしていく。

それが高いレベルで実現できたとき、わが社の企業としてのポテンシャルは、極めて高くなっていくと考えています。

今の時代に必要な人的資本経営を実現するために必要と私たちが考える「オフィス環境投資」の効果を、これから先もお伝えし続けたい。そう考えています。

おわりに

人的資本経営に取り組む前に最優先で実践すべきこと、そして企業のステージごとに取り組むべきことを事例ベースで体系化してまとめてまいりました。

船井総研グループが人財戦略を公開したのが、2017年からスタートした中期経営計画です。「企業の成長と人財の成長を両立する経営」というコンセプトの下、事業戦略だけではなく人財戦略を取り入れ、新卒採用数、早期育成プログラムとして新入社員からチームリーダー昇格までの平均勤続年数、離職率などを開示し、本格的な人的資本開示は2021年から取り組んでいます。

当初は、人が大事だとわかっていても、

「企業価値向上につながるための人財投資とはいったい何なのか？」

「こんな人的資本項目の数値を知りたいが、どこの部署がどんな方法で算出しているのか？」

「この施策を打ったことの効果を、どう検証すればいいのか？」

などなど、初歩的な悩みもたくさんありました。

その後日本はもちろん、世界中のモデル企業から学び、自社らしく成果が期待できるアナログ施策をどんどん実行し、デジタルツールを活用しながら、効率的に数値化していくことができるようになってきているところです。

現在、クライアントから当社への人財に関するコンサルティング依頼の内容は大きく変化しています。これまでは採用数目標の達成にフォーカスするケースが多かったのですが、「人的資本の増強」すなわち「人的資本の増強（採用数－離職数）×生産性」を同時に向上させる施策をトータルで進めたいという依頼が増えているのです。

なぜか？　「はじめに」でもお伝えした昨今の3重苦（採用苦、育成苦、定着苦）の中、採用コンサルティングだけでは持続的な成果が期待できないとはっきりわかったからです。

さらに、生産性アップに伴う平均年収アップや、女性比率、女性管理職比率、外国人比率なども深く関係するようになり、本書で触れた「人財戦略と事業戦略の一致」が極めて重要になっています。
　この2つの戦略の一致に基づいて数値計画に落とし込み、実行のロードマップを作成し、従業員はもちろん、求職者などステークホルダーにも具体的なイメージを持ってもらえるように情報や目標数値とその達成状況を公開していくことが大きな差になっていく時代が、目の前に迫っています。

　私たちも最初は大いに悩み、試行錯誤が続きましたが、人的資本経営を着実に進めるために重要なことと、無駄なく実行し成果が出る順番が、数多くの先進的なクライアントとの取り組みと、船井総研グループ自身の実体験により、かなりクリアに見えてきたところです。本書で紹介しきれなかった取り組みの一部がわかるものもありますので、次のページのQRコードよりぜひご覧いただければと思います。
　多くの企業が、これからの時代に合った形で発展していくことをお祈りしています。

2024年8月
株式会社船井総合研究所

株式会社船井総合研究所

中堅・中小企業を対象に専門コンサルタントを擁する日本最大級の経営コンサルティング会社。業種・テーマ別に「月次支援」「経営研究会」を両輪で実施する独自の支援スタイルをとり、「成長実行支援」「人材開発支援」「企業価値向上支援」「DX（デジタルトランスフォーメーション）支援」を通じて、社会的価値の高いサステナグロースカンパニーを多く創造することをミッションとする。現場に密着し、経営者に寄り添った実践的コンサルティング活動はさまざまな業種・業界経営者から高い評価を得ている。

・監修

株式会社船井総研ホールディングス　代表取締役社長　グループCEO　中谷貴之
株式会社船井総合研究所　代表取締役社長 社長執行役員　真貝大介

・執筆・編集

株式会社船井総研ホールディングス
グループカルチャー推進室　執行役員　住友勝
タレントディベロップメント部　部長　山本翼

株式会社船井総合研究所
タレントディスカバリー室　マネージング・ディレクター　中川洋一
HRストラテジー支援部　マネージング・ディレクター　宮花宙希
タレントディベロップメント室　マネージング・ディレクター　宮井亜紗子
タレントディベロップメントユニット　チーフプロフェッショナル　中嶋のど佳
事業開発本部　チーフエキスパート　吉田伸

船井総合研究所が発信する人的資本経営に関する情報はこちらからご覧いただけます。
https://hrd.funaisoken.co.jp/

・カバーデザイン：小口翔平＋後藤司（tobufune）
・本文デザイン：斎藤充（クロロス）
・編集協力：上阪徹
・編集：傳 智之

●お問い合わせについて

本書に関するご質問は、FAX、書面、下記のWebサイトの質問用フォームでお願いいたします。電話での直接のお問い合わせにはお答えできません。あらかじめご了承ください。ご質問の際には以下を明記してください。

・書籍名　・該当ページ　・返信先（メールアドレス）

ご質問の際に記載いただいた個人情報は質問の返答以外の目的には使用いたしません。
お送りいただいたご質問には、できる限り迅速にお答えするよう努力しておりますが、お時間をいただくこともございます。
なお、ご質問は本書に記載されている内容に関するもののみとさせていただきます。

問い合わせ先
〒162-0846　東京都新宿区市谷左内町21-13
株式会社技術評論社　書籍編集部「デジタル時代のシン・アナログ経営」係
Web：https://gihyo.jp/book/2024/978-4-297-14297-1

デジタル時代《じだい》のシン・アナログ経営《けいえい》
〜社員《しゃいん》100《ひゃく》人《にん》からの人的資本《じんてきしほん》経営《けいえい》〜

2024年８月31日　初版　第１刷発行
2024年９月17日　初版　第３刷発行

著者　船井総合研究所《ふないそうごうけんきゅうしょ》
発行者　片岡巌
発行所　株式会社技術評論社
東京都新宿区市谷左内町21-13
電話　03-3513-6150　販売促進部
03-3513-6185　書籍編集部
印刷・製本　昭和情報プロセス株式会社

定価はカバーに表示してあります。

造本には細心の注意を払っておりますが、万一、乱丁（ページの乱れ）や落丁（ページの抜け）がございましたら、小社販売促進部までお送りください。送料小社負担にてお取り替えいたします。

ISBN978-4-297-14297-1　C0034
Printed in Japan